汽车驾驶

从新手到高手

王淑君　编著

配动画演示视频

U0314184

化学工业出版社

·北京·

内容简介

本书针对驾驶员日常驾车过程中可能遇到的各种实际问题，进行了全方位的解读，内容涵盖汇入车流、控制车速、紧急制动、跟车、会车、超车、让车、变道、转弯、倒车、掉头、交叉路口通行、坡道行驶、窄路行驶、环岛通行、立交桥通行、高速公路驾驶、铁道路口通行、隧道通行、夜间驾驶、山区道路驾驶、涉水驾驶、恶劣天气驾驶、不同场地和车型安全停车等方方面面。

全书图文并茂，科学、实用。对于涉及实际操作的内容配以精美的MP4三维仿真动画演示视频讲解，扫描书内二维码即可观看，有利于驾驶技术初学者快速提高技能，从新手变为高手。

图书在版编目（CIP）数据

汽车驾驶：从新手到高手：配动画演示视频/王淑君编著. —北京：化学工业出版社，2020.12（2023.3重印）
ISBN 978-7-122-37745-6

Ⅰ.①汽⋯　Ⅱ.①王⋯　Ⅲ.①汽车驾驶－基本知识　Ⅳ.①U471.1

中国版本图书馆CIP数据核字（2020）第179567号

责任编辑：黄　滢　　　　　　　　　　　装帧设计：尹琳琳
责任校对：边　涛

出版发行：化学工业出版社（北京市东城区青年湖南街13号　邮政编码100011）
印　　装：大厂聚鑫印刷有限责任公司
710mm×1000mm　1/16　印张12¼　字数226千字　2023年3月北京第1版第3次印刷

购书咨询：010-64518888　　　　　　　售后服务：010-64518899
网　　址：http://www.cip.com.cn
凡购买本书，如有缺损质量问题，本社销售中心负责调换。

定　　价：59.80元　　　　　　　　　　　　　　版权所有　违者必究

前言

　　凡事都有其自身的规律，成为驾驶高手也不例外。

　　汽车驾驶过程中包含很多的知识、规律、经验、技巧或窍门，掌握多了，也就自然而然地成为驾驶高手了。当然熟能生巧，驾车时间久了，驾驶员也可以自己逐渐摸索出来。但是这个过程会比较长，需要驾驶者在日常开车过程中多加练习、不断地总结经验教训才能做到。

　　因此，为帮助广大汽车驾驶员朋友，尤其是新驾驶员和作为准驾驶员的驾校学员们，快速提高驾驶技能，掌握更多的驾驶技巧和要领，巩固驾驶经验，尽快地从驾车新手转变成驾车老手，进而成为驾车高手，在化学工业出版社的组织下，特编著了此书。

　　本书以培养新手实际道路安全驾驶技能为出发点，结合笔者多年驾校教学和培训经历以及自身驾驶经验，对新手上路行车过程中可能遇到的种种情况加以归纳、研究、总结，并提炼出一系列行之有效的方法、技巧和要领，奉献给广大读者。

　　全书按照驾车前的必要准备—驾驶时的心态调整—行驶时的视觉观察与判断—汽车驾驶基本技术—一般道路驾驶—高速公路驾驶—复杂道路驾驶—恶劣天气驾驶—不同场地安全停车的顺序编排，涵盖驾驶员日常行驶如何快速汇入车流、控制车速、紧急制动、跟车、会车、超车、让车、变道、转弯、倒车、掉头、交叉路口通行、坡道行驶、窄路行驶、环岛通行、立交桥通行、高速公路驾驶、铁道路口通行、隧道通行、夜间驾驶、山区道路驾驶、涉水驾驶、恶劣天气驾驶、不同场地和车型安全停车等方方面面。内容翔实，通俗易懂。编写过程中尽可能"用图说话"，并保证图片精美、直观形象。对于实际驾驶操作，还配备了高清的MP4三维仿真动画演示视频讲解。力求帮助驾驶新手们在轻松阅读的过程中快速提高驾驶技能。

　　本书主要以小型自动挡汽车和小型手动挡汽车为例进行介绍，同时囊括了各类车型的共同规律，因此，对于手自一体汽车、SUV、面包车等也完全适用。

　　希望本书能够成为新老驾驶员朋友提高驾驶技能和日常行车的良师益友。

　　由于笔者水平所限，书中不妥之处在所难免，敬请广大读者批评指正。

编著者

目录

行驶时的视觉观察与判断

...

024

3

目录

高速公路驾驶 $\;\;\;\;\;\;$ 116 $\;\;\;$ 6

复杂道路驾驶 $\;\;\;\;\;\;$ 122 $\;\;\;$ 7

目录

《汽车驾驶：从新手到高手》
配套动画演示视频清单

186

第1章

驾车前的必要准备

1.1 带上必要的证件和设备

　　带上驾驶证、行驶证、保险单、IC交通卡、三角警示牌、备胎、灭火器、电筒等。还可以买个家用急救包带上。其中，灭火器和锤子应放在后备厢内；备胎应是随时能够使用的好胎，因此要经常检查备胎的气压是否正常。

1.2 驾车前的车内外安全检查

1.2.1 车外检查项目

（1）检查轮胎情况

❶ 目测胎压是否正常。如图1-1所示。

❷ 检查轮胎上有无异物。如图1-2所示。

❸ 行驶一定里程时，应检查轮胎的磨损程度。如图1-3所示。

❹ 检查车轮附近有无异物。如图1-4所示。

❺ 预防爆胎。要按厂家规定的值充气。充气压力不可过高，也不可过低，要保证轮胎气压平衡，要避开地面上的尖锐物体，必要时下车排除，要按说明书的规定定期进行轮胎换位，磨损到规定位置时一定要更换轮胎。

汽车驾驶：从新手到高手

配动画演示视频

(a) 胎压正常

(b) 胎压过低

(c) 胎压过高

图1-1　目测胎压是否正常

检查清除异物、检查轮胎有无伤痕及磨损程度

图1-2　检查轮胎上有无异物

磨 损 指 示 条

轮胎花纹与磨损指示条平齐时应立即更换轮胎

图1-3　检查轮胎的磨损程度

（2）检查后视镜情况

❶ 检查后视镜的清洁情况。如图1-5所示。
❷ 检查后视镜位置是否需要调整。如图1-6所示。

检查车轮附近有无异物

图1-4　检查车轮附近有无异物

行车前一定要检查后视镜的清洁状况，必要时清洁

图1-5　检查后视镜是否清洁

合适的后视镜位置

约1/2　　约1/3

(a) 检查左后视镜

合适的后视镜位置

约1/3　　约1/2

(b) 检查右后视镜

图1-6

尽量让整个后挡风玻璃都出现在后视镜里

合适的后视镜位置

调整到便于看清后方情况的位置

(c) 检查车内后视镜

图1-6　检查后视镜的方法

（3）检查车窗玻璃情况

　　驾车时要经常通过车窗玻璃观察车外的情况，以保证行车安全，如图1-7所示。

很多情况下要直接通过车窗玻璃观察车外的情况。通过内后视镜观察后方的情况是要经过后挡风玻璃的

图1-7　通过车窗玻璃观察车外情况

（4）检查灯罩、灯光情况

　　各种车灯也是必须例行检查的项目之一，如图1-8所示。

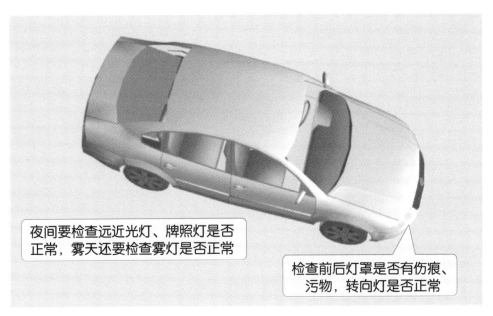

夜间要检查远近光灯、牌照灯是否正常，雾天还要检查雾灯是否正常

检查前后灯罩是否有伤痕、污物，转向灯是否正常

图1-8　检查灯罩、灯光情况

1.2.2　车内检查项目

（1）检查车内仪表、指示灯

具体检查方法见图1-9。

（2）检查踏板

检查各踏板附近有无异物。起步后试验制动性能。如图1-10所示。

注意看燃油表的数量，双燃料车还应检查燃气是否充足

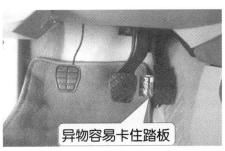

异物容易卡住踏板

图1-9　检查车内仪表、指示灯是否工作正常　　图1-10　检查踏板附近有无异物

（3）检查方向盘

起步后左右转动方向盘，略走S形，如图1-11所示。

图1-11　检查方向盘的工作状况

1.2.3　定期检查项目

每隔一段时间要进行一次车况检查，可以一两周检查一次。检查项目如图1-12所示。

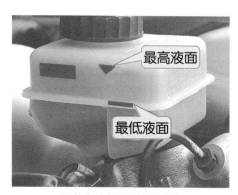

(a) 检查制动液储量是否正常

(b) 检查冷却液储量是否正常

(c) 检查机油储量是否正常

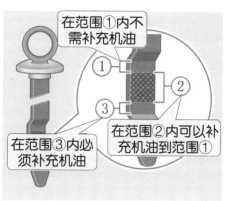

在范围①内不需补充机油

在范围②内可以补充机油到范围①

在范围③内必须补充机油

(d) 检查机油液面高度是否正常

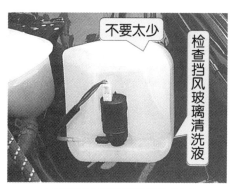

不要太少

检查挡风玻璃清洗液

(e) 检查挡风玻璃清洗液储量是否正常

MAX（最大）

MIN（最小）

检查转向助力液储量是否正常，位于MAX 和MIN之间正常

(f) 检查转向助力液储量是否正常

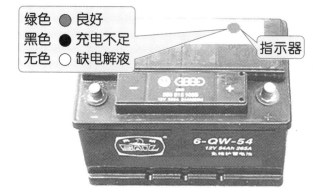

绿色 ● 良好
黑色 ● 充电不足
无色 ○ 缺电解液

指示器

(g) 检查电解液液面高度是否正常

图1-12　车况定期检查项目

1.3 上下车前确认安全

上下车前一定要确认安全！这里的"安全"指的是驾驶方面的安全。如图 1-13 所示。

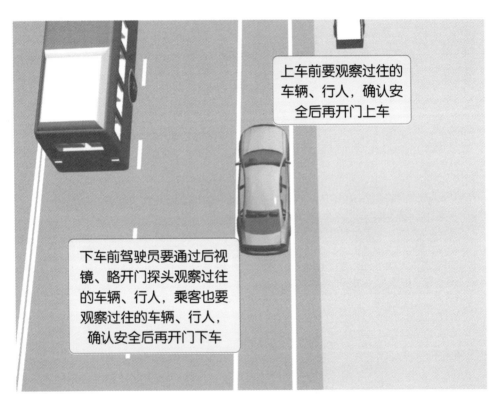

> 上车前要观察过往的车辆、行人，确认安全后再开门上车

> 下车前驾驶员要通过后视镜、略开门探头观察过往的车辆、行人，乘客也要观察过往的车辆、行人，确认安全后再开门下车

图 1-13　注意上下车安全

1.4 保持正确的驾驶姿势

图 1-14列出三种驾驶姿势，其中图 1-14（c）为正确姿势。

过于后仰

不能为了方便看后视镜，就将靠背调得过于后仰，这不仅容易造成踩空踏板的现象，还容易疲劳

(a) 过于后仰容易疲劳

过于前倾

正常驾驶时，座位调得过于向前，容易造成身体被迫过于前倾，缩小手脚活动范围，腿容易碰到前面控制台的状况，容易过早疲劳

(b) 过于前倾容易疲劳

合适

正确的驾驶姿势能使驾驶员在长时间的驾驶中不会过早地出现疲劳现象，能保持充沛的精力观察车外情况和车内仪表，从而在复杂的交通环境中作出可靠的判断并采取正确的操作

(c) 正确姿势不易疲劳

图1-14 不同驾驶姿势对比

1.5 仪表与符号识别

不论什么车型，仪表都大同小异。如图1-15所示。

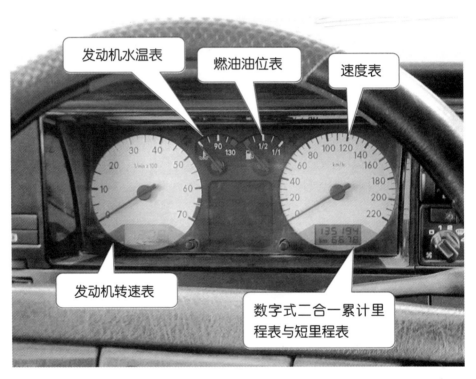

图1-15　汽车仪表

❶ 累计里程表。累计行驶的总里程。

❷ 短里程表。累计到一定里程自动归零，重新累计。比如到了999千米，自动回零，然后重新累计。

❸ 仪表板上有各种指示灯，常见的如表1-1所示。

表1-1　仪表板上的常见指示灯

车内各类仪表指示灯		
 发动机指示灯	 电瓶指示灯	 机油指示灯
该指示灯用来显示车辆发动机的工作状况。当打开钥匙门，车辆自检时，该指示灯点亮后自动熄灭。如常亮则说明车辆的发动机出现了故障，需要维修	该指示灯用来显示电瓶使用状态。打开钥匙门，车辆开始自检时，该指示灯点亮，启动后自动熄灭。如果启动后电瓶指示灯常亮，说明该电瓶出现问题，需要更换	该指示灯用来显示发动机内机油的压力状况。打开钥匙门，车辆开始自检时，指示灯点亮，启动后熄灭。若该指示灯常亮，说明该车发动机机油压力低于规定标准，需要维修
 车门指示灯	 油量指示灯	 玻璃水指示灯
该指示灯用来显示车辆各车门状况。任意车门未关上，或者未关好，相应的车门指示灯都会点亮，提示驾驶员车门未关好。当车门关闭或关好时，相应车门指示灯熄灭	该指示灯用来显示车辆内储油量的多少。当钥匙门打开，车辆进行自检时，该油量指示灯会短时间点亮，随后熄灭。如启动后该指示灯点亮，则说明车内油量已不足	该指示灯是用来显示车辆所装玻璃清洁液的多少，平时为熄灭状态。该指示灯点亮时，说明车辆所装玻璃清洁液已不足，需添加玻璃清洁液。添加玻璃清洁液后，指示灯熄灭
 安全带指示灯	 气囊指示灯	 转向灯指示灯
该指示灯用来显示安全带是否处于锁止状态，当该灯点亮时，说明安全带没有及时扣紧。有些车型会有相应的提示音。当安全带被扣紧后，该指示灯自动熄灭	该指示灯用来显示安全气囊的工作状态。当打开钥匙门，车辆开始自检时，该指示灯自动点亮数秒后熄灭。如果常亮，则安全气囊出现故障	该指示灯是用来显示车辆转向灯的工作状态。通常为熄灭状态。当驾驶员点亮转向灯时，相应方向的转向指示灯会同时被点亮，转向灯熄灭后，该指示灯自动熄灭

汽车驾驶：从新手到高手

配动画演示视频

车内各类仪表指示灯		
 远光指示灯	 雾灯指示灯	 示宽指示灯
该指示灯是用来显示车辆远光灯的工作状态。通常情况下该指示灯为熄灭状态。当驾驶员点亮远光灯时，该指示灯会同时被点亮，以提示驾驶员，车辆的远光灯处于开启状态	该指示灯用来显示前后雾灯的工作状况。当前后雾灯点亮时，该指示灯相应就会点亮。关闭雾灯后，指示灯熄灭	该指示灯是用来显示车辆示宽灯的工作状态，平时为熄灭状态。当示宽灯打开时，该指示灯随即点亮。当示宽灯关闭或者关闭示宽灯打开大灯时，该指示灯自动熄灭
 刹车盘指示灯	 手刹指示灯	 ABS指示灯
该指示灯用来显示车辆刹车盘磨损状况。一般，该指示灯为熄灭状态，当刹车盘出现故障或磨损过度时，该灯点亮，修复后熄灭	该指示灯用来显示车辆手刹的工作状态，平时为熄灭状态。当手刹被拉起时，该指示灯自动点亮。手刹被放下时，该指示灯自动熄灭。有的车型在行驶中未放下手刹会伴随有警告音	该指示灯用来显示ABS工作状况。当打开钥匙门，车辆自检时，ABS灯会点亮数秒，随后熄灭。如果未闪亮或者启动后仍不熄灭，表明ABS出现故障
 水温指示灯	 内循环指示灯	 TCS指示灯
该指示灯用来显示发动机内冷却液的温度。钥匙门打开，车辆自检时，会点亮数秒后熄灭。若水温指示灯常亮，说明冷却液温度超过规定值，需立刻停止行驶。水温正常后熄灭	该指示灯是用来显示车辆空调系统的内循环工作状态，平时为熄灭状态。当按下内循环按钮，空调系统进入内循环状态时，该指示灯自动点亮。内循环状态关闭时熄灭	该指示灯是用来显示车辆TCS（牵引力控制系统）的工作状态。当该指示灯点亮时，说明TCS系统已被关闭

第1章 驾车前的必要准备

车内各类仪表指示灯

EPC指示灯

打开钥匙门，车辆开始自检时，EPC灯会点亮数秒，随后熄灭。如车辆启动后仍不熄灭，说明车辆机械与电子系统出现故障

VSC指示灯

该指示灯是用来显示车辆VSC（电子车身稳定系统）的工作状态。当该指示灯点亮时，说明VSC系统已被关闭

O/D挡指示灯

该指示灯用来显示自动挡的O/D挡（Over-Drive，超速挡）的工作状态，O/D挡指示灯闪亮，说明O/D挡已锁止。此时加速能力获得提升，但会增加油耗

车内功能按键

油箱开启键

该按键用来在车内遥控开启油箱盖。装有该按键的车辆，驾驶员可以通过这个按键将油箱盖子从车内打开。不过油箱的关闭需要在车外手动控制

ESP开关键

该按键用来打开或关闭车辆的ESP系统。车辆的ESP系统默认为工作状态，为了享受更直接的驾驶感受，驾驶员可以按下该按键关闭ESP系统

倒车雷达键

该按键用来打开或关闭车上的倒车雷达系统。驾驶员可以按下该按钮手动控制倒车雷达的工作

中控锁键

该按键是车辆中控门锁的控制按钮。驾驶员可以通过按下该按钮，同时打开或是关闭各个车门的门锁

前大灯清洗键

该按键是用来控制前大灯的自动清洗功能。在装有前大灯清洗的车辆上，驾驶员可以通过按下这一按键开启前大灯清洗装置，对车辆的前大灯进行喷水清洗

后遮阳帘键

该按键是用来控制车内电动后遮阳帘的打开与关闭。在装有电动后遮阳帘的车内，驾驶员可以通过按下这一按键开启后窗的电动遮阳帘，用来遮挡阳光

1.6 调整座椅并系好安全带

❶ 驾驶员座椅的位置对形成正确的坐姿有着重要的影响。因此，应调整座椅到合适的位置，具体方法如下。

双手紧握方向盘，把离合器踩到底（自动挡汽车是把刹车踩到底），如果腰部能顶紧靠背，腿部还略有弯曲时，座椅的位置就调整合适了。见图1-16。

图1-16　调整座椅的位置

提示　有些车辆的座椅不但能够调整前后，还能调整高低和靠背的弯曲度。

❷ 发生前后撞击或突然刹车，安全带能起到缓冲作用，所以一定不要忘记系上安全带。

1.7 启动与熄火

1.7.1 启动

（1）点火开关的四个位置

点火开关一般有四个位置，如图1-17所示。

图1-17　点火开关的四个位置

❶ LOCK：点火开关断开，拔出钥匙，然后转动方向盘，可以锁住方向盘。插入钥匙后，如果方向盘在锁止状态，钥匙不能转动时可以左右轻轻转动方向盘同时旋转钥匙。

❷ ACC：附属电子系统开启，例如收音机，CD之类。

❸ ON：所有电子系统开启，如照明、仪表盘灯和点火线路，车辆开始自检。

❹ START：启动机工作，从而启动发动机。启动后松开钥匙，自动回到ON位置。

（2）将钥匙插入锁芯

先由位置LOCK顺时针转动到位置ACC，附属电子系统电源接通，再顺时针转动到位置ON，所有电子系统电源接通，待电子系统自检完毕后，再顺时针转动到START位置即可启动发动机。

> **提示**
>
> 启动发动机时，每次不要超过5秒；如一次无法启动，连续两次启动需间隔15秒以上。
>
> 发动机启动后应立即松开点火开关。如果钥匙不能转动可来回轻转方向盘。

1.7.2 熄火

（1）自动挡汽车

踩住刹车不放，换入N挡，拉紧手刹，置P挡，逆时针拧钥匙熄火，再将钥匙完全回位，拔出即可。

（2）手动挡汽车

❶ 汽油发动机熄火只需关闭点火开关。就是将点火开关由位置ON逆时针转回位置ACC。在关闭点火开关前，不应猛轰空油，这样做不仅增加发动机的磨损，还会浪费燃油。若发动机温度过高，熄火前应怠速运转1 ~ 2min，待机件均匀冷却后，再关闭点火开关，使发动机熄火。

❷ 柴油发动机熄火应拉出熄火拉钮，待发动机完全停熄后再推入熄火拉钮（有的是自动回位）。如发生开锅，不要立即熄火，应保持怠速运转，耐心等待温度降低。温度降低后，做好防止冷却液喷出措施后，开盖加液。

1.8 起步提速与加减挡

1.8.1 手动挡汽车

这里主要介绍手动挡汽车换挡时机的选择。

（1）加挡时机的确定方法

❶ 踩油门提速，可以瞟一眼转速表，对于一般车辆来说，发动机转速在2500r/min左右时，加挡比较合适，注意听此时发动机的声音，记在心里。以后听发动机声音换挡即可。

❷ 换挡后声音小而轻快，没有沉闷的突突声，说明加挡时机合适。

❸ 如果车速提得过高，换入高一级挡位，松离合器时，油门又没有跟上，车辆会出现顿挫的现象。

（2）减挡的方法

❶ 首先要通过减油门把车速降到适合换入低一级挡位的速度，再减挡。若速度没有降下来就减入低一级挡位，会产生猛烈的发动机制动现象，车辆会猛顿挫一下，对机件不好。

❷ 如果车速高，减挡的距离比较短，可以通过适度踩制动的方法先降低车速，速度合适时再换挡。

❸ 踩制动时不要踩下离合器，换挡时再踩。有一定速度时，适度踩刹车，车辆是不会熄火的。速度不太快时，急刹车才会造成熄火。

❹ 行驶中也不要空挡制动。

 提示

有些汽车的倒挡需要往下按才能挂上。

1.8.2 自动挡汽车

不同自动挡汽车驾驶操作大同小异，这里简单介绍些一般知识。如图1-18～图1-21所示。

图1-18 自动挡汽车的变速杆

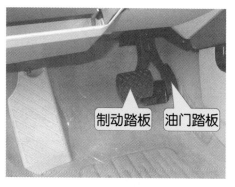

图1-19 自动挡汽车的踏板

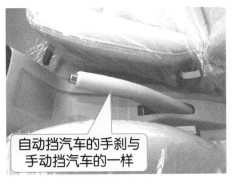

自动挡汽车的手刹与手动挡汽车的一样

图1-20 自动挡汽车的手刹

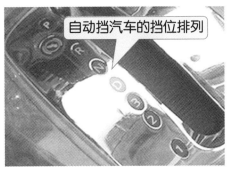

自动挡汽车的挡位排列

图1-21 自动挡汽车的挡位排列

（1）各挡位的作用与操作方法

P—驻车锁止挡。只有在汽车静止时才可以换入。在换入或换出前必须先按下锁止按钮。若发动机已启动，换出前还要踩下制动踏板。

N—空挡。车速低于5km/h或汽车静止且发动机已启动时，必须按下锁止按钮并踩下制动踏板才能从N挡换出。

D—行车挡。一般道路上使用这个挡位。在这个挡位下变速箱会根据油门和车速自动在1~4四个前进挡之间进行高挡或低挡的切换。

3、2、1各挡位是指强制把变速器限制在某一挡以下。比如3就是把变速器强制限制在4挡以下。具体来说：

3—用于丘陵等起伏的路段。此时4挡被锁止，汽车只能在1、2、3挡之间自动升挡或降挡。可以在松开油门时提高发动机的制动作用。

2—用于长山路行驶。此时3、4挡被锁止，汽车只能在1、2挡之间自动升挡或降挡。可以在松开油门时提高发动机的制动作用。

1—用于陡峭山路行驶。此时2、3、4挡被锁止，汽车只能在1挡行驶，这时候可以获得发动机的最大制动作用。要想换入这个挡位必须按下变速杆上的锁止按钮。

手动可以换入3、2、1挡。

R—倒挡。只有在汽车静止且发动机怠速运转时才能换入。必须按下锁止按钮并踩下制动踏板才能从P或N位置换入倒挡R。

（2）自动挡汽车驾驶要诀

❶ 起步。等发动机怠速下降并稳定，水温表指示正常以后，踩下刹车，选择挡位R（倒挡，倒车用）、D、3、2、1之一，松手刹，等到变速器已经换挡且驱动轮产生附着力之后，再踩油门即可起步。

❷ 行驶。行驶中踩油门加速，踩刹车减速，如前所述挡位可自动变换。行驶中还可根据道路状况选择D、3、2、1之一。

 小技巧

自动挡踩一下松一下可以实现提前升挡。驾驶车辆起步后，很快挡位升入2挡，再稍微重踩油门，当发动机转速超过2000r/min，速度约40km/h时，稍微松一下油门，变速箱就会提前升入3挡，再踩下油门至转速2000r/min，速度达到60km/h时，松开油门，变速箱就会提前升入4挡。

自动变速箱会根据踩油门的程度来决定是否降挡，例如超车时，可以先松开油门再一脚踩下去，这时变速箱会自动降1挡甚至2挡来满足你的动力要求，完成超车后松开油门，挡位又会回到你当前速度合适的挡位，所以光用油门来控制就可以了。

❸ 停车。踩下制动踏板，停车后拉紧手制动，并把变速杆置于P挡。

若是临时停车，如遇红灯时，不必将变速杆换入N挡（空挡），只需踩制动即可。记住这种情况下千万不要拉手刹松制动，否则将对汽车产生损伤。而且这种情况下也只能通过踩制动保持静止状态。注意临时停车时，若不换入N挡，必须踩制动踏板使汽车转入并保持静止状态，这时不能使用手刹维持静止状态，否则在松开行车制动踏板时及以后，将对汽车产生"疲劳损伤"，因为即使是怠速运转时驱动力也没有完全中断。

1.8.3　手自一体汽车

对于手自一体车型，也可采用手动模式行车，即将操作杆拨向右侧，根据车速向"+"号推升挡，向"-"号推降挡。如图1-22所示。

(a) 手自一体汽车变速杆

(b) 手动挡挡位和自动挡挡位

(c) 换挡方法

图1-22　手自一体汽车驾驶要诀

1.9 上路前预先规划好行驶路线

　　上路前预先规划好行驶路线很重要。一般情况下，应选择最短的路线走，但也不是一成不变的。如图1-23所示，从A到B可以有多种走法，比如沿实线走就要经过三个红绿灯，可能会比沿虚线走更费时间。所以规划行驶路线很重要。此外，路程相当时应尽量选择避开拥堵路段行驶。

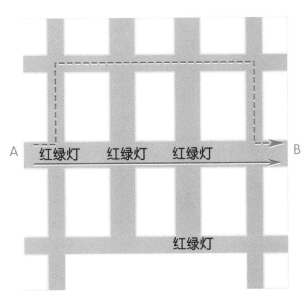

图1-23　行驶路线规划方案

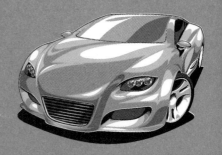

第 **2** 章

驾驶时的心态调整

2.1 消除恐惧心理

（1）产生恐惧心理的因素

❶ 不熟悉机件就上路，操作手忙脚乱，而实际道路上的车流状态又复杂多变，不能集中精力观察交通状况，有顾不过来的感觉，因此心里容易发慌。

❷ 速度感、空间方位感没有很好地建立起来，不能准确观察、预判自己和其他交通参与者下一时刻的位置，也是造成紧张心理的一个重要因素。

（2）消除方法

❶ 熟悉车辆。对常用装置操纵得越熟练，在复杂的交通流中行进时就越从容。拿到一辆不熟悉的车后，应在空旷或车少人稀的地方适当练习一下。可找驾车老手把你带到那里。实在没有条件的最好在原地练习操作。主要练习使用的装置有变速杆、离合器、油门、刹车、灯光开关、雨刮器开关，还要练习通过看后视镜判断车体的位置。

❷ 培养速度感、空间方位感。在车少人稀的路段以不同的速度驾驶车辆，建立准确的速度感，体会不同速度下刹车距离的长短，熟练后随车流行进时会感到轻松自如。准确判断车辆所处的位置，就不会因看到"路比车窄""车太近"而感到害怕了。判断车距的方法见本书后续跟车部分的相关内容。

有了以上熟练的基础后，操作已经进入"自动化"状态了，这时候不会因为基本操作而分散注意力了，注意力自然就集中在观察和判断交通流上了，恐惧心理也就随之消失了。你会发现：在复杂环境中驾驶也不过如此！

2.2 主观上适应客观存在的交通流

　　必须适应客观存在的交通流。交通流是随时变化的，是动态的，是客观的。因此，应当主动适应交通流，要随交通流的变化而变化。

　　此外，应考虑不影响他人的正常驾驶，如图2-1所示。

　　切记：让交通流适应自己的想法是不可取的，很容易发生事故！

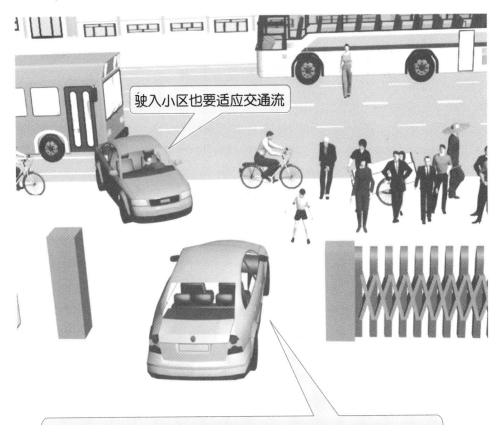

图2-1　主观上适应客观存在的交通流

2.3 克服急躁情绪

　　突然横穿马路的行人、其他车辆的违法行为、不文明驾驶行为等突发情况，都可能产生危险，也许会引起驾驶员的急躁情绪，如图2-2所示。

> 行人突然横穿马路等情况，容易使驾驶员引起急躁情绪

图2-2　突发情况时应克服急躁情绪

　　此时必须冷静，一定要牢记：礼让为上，安全第一！如果一味地指责他人，甚至把生活中的压力发泄在路上，很容易造成恶性循环，可能会造成交通堵塞等更为严重的后果，反而会带来更多的麻烦。

2.4　防范错觉意识

（1）周围景物影响易产生错觉

由于周围景物的影响，驾驶过程中，上坡路可能被误认为是下坡路，反之下坡路被误认为是上坡路。遇到这种情况，不能仅依赖主观判断，否则可能造成上坡减油、下坡加油的错误操作。此时，可通过听发动机的声音或看转速表、速度表等来判断是上坡还是下坡。如果发动机声音变低沉，说明是在上坡，应适当加油；如果发动机声音变轻快，说明是下坡，应适当减油，必要时刹车或减挡。

（2）物体客观成像规律易产生错觉

为了扩大反射景物的范围，汽车后视镜一般都做成凸面镜。凸面镜的成像规律是：物体距凸面镜越远所成的像越小。凸面镜的镜面越凸，这种现象就越明显。因此，当车身与路的边线平行时，驾驶员在后视镜中看到的影像实际上并不平行，而是前宽后窄。我们将在后续倒车驾驶操作相关章节详细分析，这里不再赘述。

（3）夜间行车易产生错觉

夜间在两侧树林茂密的公路上行驶时，会产生在夹道或隧道中行驶的感觉，当两旁树木变矮或消失后可能产生道路变宽的错觉，容易酿成事故。此时，可以道路边缘、道路标线作为判断车辆位置的主要依据，树木等作为次要依据。

第3章
行驶时的视觉观察与判断

　　驾驶时应集中注意力观察，但并不是说只盯住某些目标观察，而是要观察整个"立体空间"，要自然地、不断扫视或通过后视镜观察这个空间范围的环境变化，如图3-1所示。

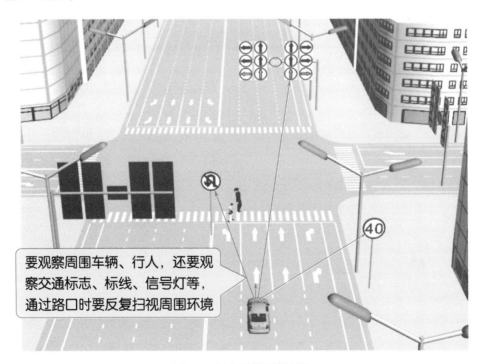

> 要观察周围车辆、行人，还要观察交通标志、标线、信号灯等，通过路口时要反复扫视周围环境

图3-1　行车时的观察技巧

3.1 汽车驾驶盲区

3.1.1 常见的盲区

常见的盲区大致可分为五种，如图3-2所示。

(a) 大型车辆遮挡产生的盲区

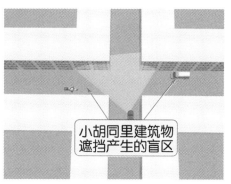

(b) 小胡同里建筑物遮挡产生的盲区

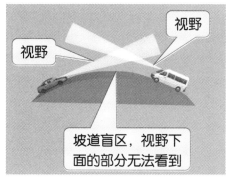

(c) 坡道盲区

(d) 乡村道路树木遮挡产生的盲区

(e) 盘山路山体遮挡产生的盲区

图3-2 常见的盲区

3.1.2　后视镜产生的盲区

后视镜也有盲区，如图3-3所示。

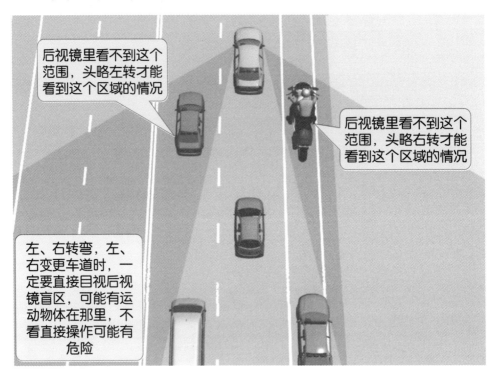

后视镜里看不到这个范围，头略左转才能看到这个区域的情况

后视镜里看不到这个范围，头略右转才能看到这个区域的情况

左、右转弯，左、右变更车道时，一定要直接目视后视镜盲区，可能有运动物体在那里，不看直接操作可能有危险

图3-3　后视镜产生的盲区

3.1.3　车体四周的盲区

由于车头、驾驶室的遮挡，车体在它的四周也会产生盲区。如图3-4所示。

自己的车头遮挡前车尾部的高度越高，车距越近。跟在大型车辆（如货车）的后面，千万不能以遮住后轮的高度来判断，如果这样可能会钻到前车车厢底下去。

对一般的长头小型汽车来说，被车头遮住的高度每增加约15厘米时，车距会缩短约1米。

3.2　正确判断车距

3.2.1　正常行驶时车距判断

一般道路正常行驶时判断车距的方法可分为以下两种情况。

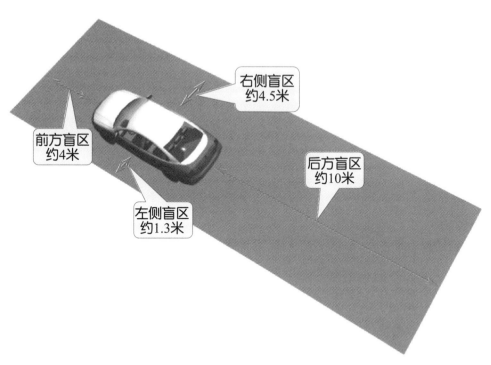

图3-4　车体四周的盲区

（1）两车前后距离的判断

　　两车前后距离的判断方法如图3-5～图3-7所示。

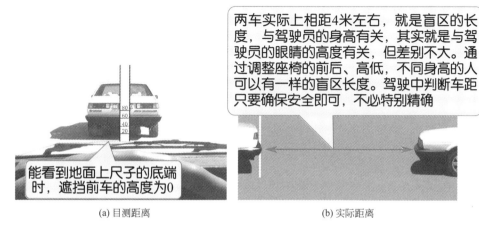

两车实际上相距4米左右，就是盲区的长度，与驾驶员的身高有关，其实就是与驾驶员的眼睛的高度有关，但差别不大。通过调整座椅的前后、高低，不同身高的人可以有一样的盲区长度。驾驶中判断车距只要确保安全即可，不必特别精确

能看到地面上尺子的底端时，遮挡前车的高度为0

(a) 目测距离　　　　　　　　　　　　(b) 实际距离

图3-5　与前车距离4米左右

(a) 目测距离　　　　　　　　　　　　　(b) 实际距离

图3-6　与前车距离2米左右

(a) 目测距离　　　　　　　　　　　　　(b) 实际距离

图3-7　与前车距离0.7米左右

（2）两车左右距离的判断

两车左右距离的判断方法如图3-8 ～ 图3-11所示。

(a) 目测距离　　　　　　　　　　　　　(b) 实际距离

图3-8　与右车距离4.5米左右

看到右车底边

(a) 目测距离

两车实际上
相距3米左右

(b) 实际距离

图 3-9　与右车距离 3 米左右

看到右车防撞条上沿

(a) 目测距离

两车实际上
相距2米左右

(b) 实际距离

图 3-10　与右车距离 2 米左右

看到右车车门上筋

(a) 目测距离

两车实际
上相距
0.5米左右

(b) 实际距离

图 3-11　与右车距离 0.5 米左右

3.2.2　高速行驶时车距判断

缓慢行驶、近距离跟车或停车入位时可以按前面介绍的方法判断车距，高速行驶时就没有必要了，因为安全距离要求在几十甚至上百米。高速行驶只要判断车在车道中央行驶即可，目光必须看远处，附近的情况只能用余光观察。只看近处方向极易发生偏离，很危险！

高速行驶判断车辆横向位置有以下两种方法。

❶ 向前看远处，视线与左车道线相距1米左右，车基本上在道路中间行驶。如图3-12所示。

❷ 余光看到左车道线在挡风玻璃左下角时，车基本上在道路中间行驶。如图3-13所示。

图3-12　高速行驶判断车辆横向位置方法1　　图3-13　高速行驶判断车辆横向位置方法2

不同的车略有差别，不同的人看到的位置也略有差别，可通过看后视镜中车尾的位置把车"摆在"路中间，然后确定你看到的左框与左车道线相交的位置，以后用余光直接判断即可。

3.3　掌握行驶时的观察要领

3.3.1　直行观察

道路直行时的观察要领如图3-14所示。

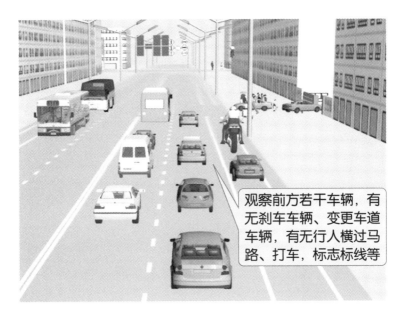

图3-14 直行时的观察要领

直行通过路口时的观察要领如图3-15所示。

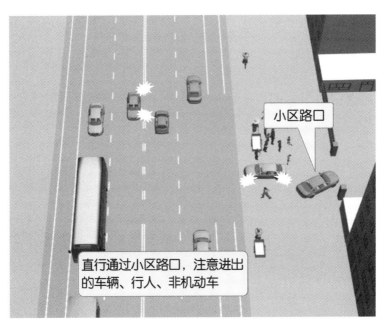

(a) 直行通过小区路口

图3-15

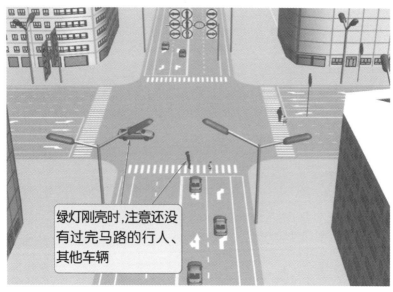

绿灯刚亮时,注意还没有过完马路的行人、其他车辆

(b) 直行通过十字路口

图3-15　直行通过路口时的观察要领

3.3.2　转弯观察

转弯时的观察要领如图3-16所示。

左转弯

注意对面直行车辆、左方车辆和行人、左前方行人，要多次扫视，瞻前顾后，不可顾此失彼

也要顾及右前角可能出现的行人

(a) 左转弯

(b) 右转弯

图3-16 转弯时的观察要领

3.3.3 变道观察

变更车道时的观察要领如图3-17所示。

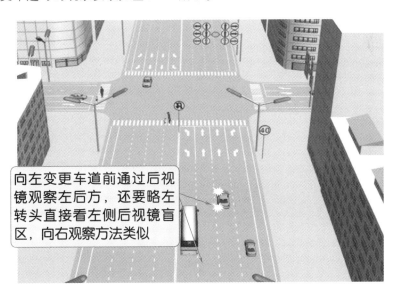

图3-17 变更车道时的观察要领

3.3.4 掉头观察

掉头时的观察要领如图3-18所示。

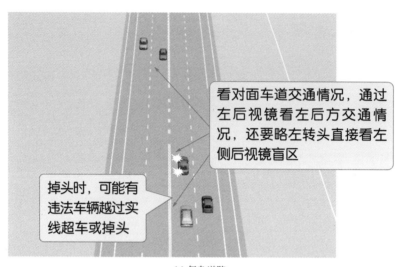

(a) 复杂道路

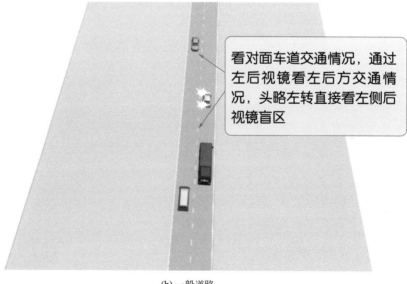

(b) 一般道路

图3-18 掉头时的观察要领

3.3.5 弯道行驶观察

弯道行驶时的观察要领如图3-19所示。

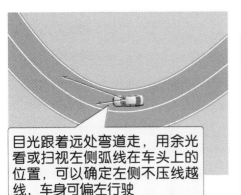

目光跟着远处弯道走，用余光看右侧弧线在车头上的位置，可以确定右侧安全，车身可偏右一点

目光跟着远处弯道走，用余光看或扫视左侧弧线在车头上的位置，可以确定左侧不压线越线，车身可偏左行驶

(a) 右转弯　　　　　　　(b) 左转弯

图3-19　弯道行驶时的观察要领

3.4 正确选择行进路线

高速行驶时判断横向位置，只要求大致确定在路面中间行驶即可。这里讲的是慢速通行，要求对横向位置判断比较精确时确定横向位置的方法。比如公路掉头前、停车入位前，都要求车身右侧离路边、车位边线有一定的比较精确的距离，误差过大将导致后面的操作困难。

3.4.1 路面停车

从图3-20～图3-22可以看出，车身右侧离路边线越远，在车头上的交线也就越靠右。对一般小车来说，当道路的右边线和车头中间相交时，右轮基本上就压在右边线上了。

有个近似规律，在车上看路的右边线和车头的交点每向右移动一段距离，如5厘米，则车身右侧和道路右边线的距离将增加约3倍，即15厘米。

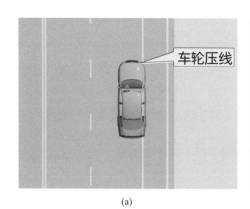

(a)

(b)

图3-20　车轮压线（不正确）

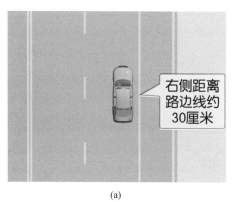

(a)

(b)

图3-21　合适距离（正确）

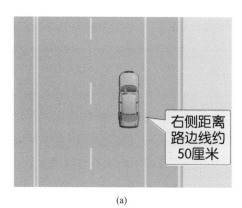

(a)

(b)

图3-22　距离太远（不正确）

3.4.2 弯道通行

弯道通行时，当车身与右侧道路边线的距离加大时，弯曲道路边线、直线道路边线和发动机盖上的交点都在右移。为便于比较说明，图3-23～图3-25给出了不同距离时车内观察点位置的变化情况。

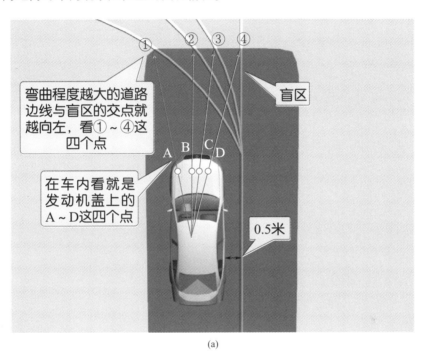

① ② ③ ④

盲区

弯曲程度越大的道路边线与盲区的交点就越向左，看①～④这四个点

A B C D

在车内看就是发动机盖上的A～D这四个点

0.5米

(a)

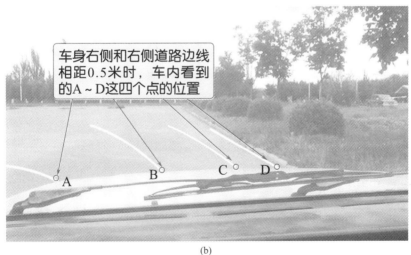

车身右侧和右侧道路边线相距0.5米时，车内看到的A～D这四个点的位置

A B C D

(b)

图3-23 车身右侧和右侧道路边线相距0.5米时的情况

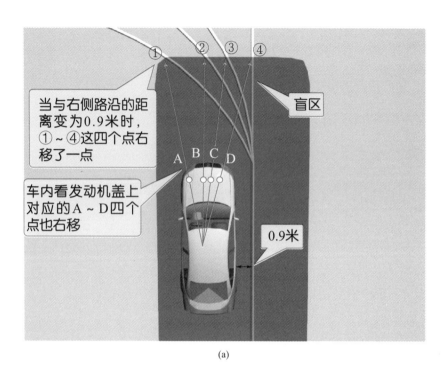

当与右侧路沿的距离变为0.9米时，①~④这四个点右移了一点

车内看发动机盖上对应的A～D四个点也右移

盲区

0.9米

(a)

车身右侧和右侧道路边线相距0.9米时，车内看到的A～D四个点的位置右移了一些

(b)

图3-24　车身右侧和右侧道路边线相距0.9米时的情况

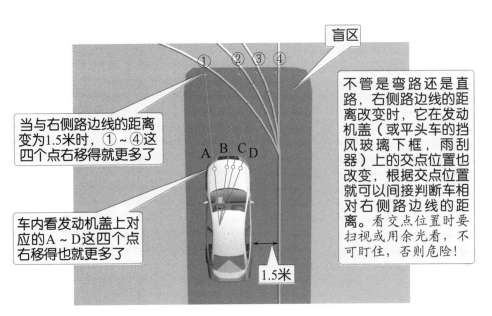

当与右侧路边线的距离变为1.5米时，①～④这四个点右移得就更多了

车内看发动机盖上对应的A～D这四个点右移得也就更多了

盲区

不管是弯路还是直路，右侧路边线的距离改变时，它在发动机盖（或平头车的挡风玻璃下框，雨刮器）上的交点位置也改变，根据交点位置就可以间接判断车相对右侧路边线的距离。看交点位置时要扫视或用余光看，不可盯住，否则危险！

1.5米

图3-25　车身右侧和右侧道路边线相距1.5米时的情况

3.4.3　通过狭窄拐角

通过狭窄拐角时的位置判断方法及路线选择要领如图3-26所示。

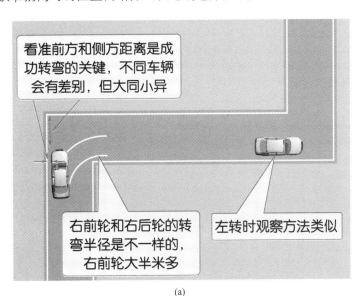

看准前方和侧方距离是成功转弯的关键，不同车辆会有差别，但大同小异

右前轮和右后轮的转弯半径是不一样的，右前轮大半米多

左转时观察方法类似

(a)

图3-26

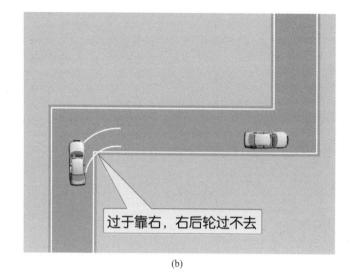

(b)

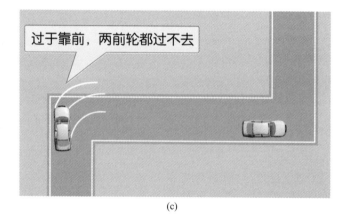

(c)

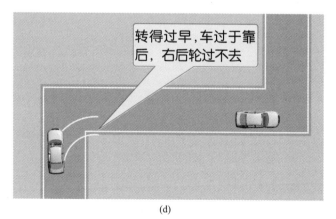

(d)

图3-26　通过狭窄拐角时的行驶要领

3.4.4 通过无中心线的窄路

无中心线、路幅狭窄的道路，行车时的位置判断方法及路线选择要领如图3-27和图3-28所示。

用余光看或扫视右侧边线在车头上的位置，可以确定右侧的距离与安全，注意看对面来车的位置

图3-27 对面有来车时稍靠右行驶

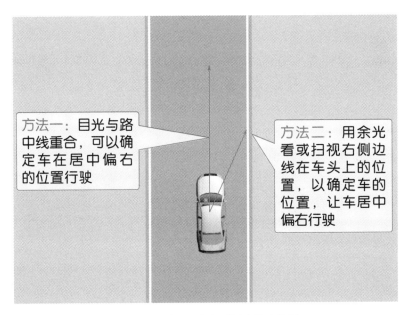

方法一：目光与路中线重合，可以确定车在居中偏右的位置行驶

方法二：用余光看或扫视右侧边线在车头上的位置，以确定车的位置，让车居中偏右行驶

图3-28 对面无来车时居中偏右行驶

3.4.5　通过有中心线的单车道

有中心线（虚线）、单向一个车道的道路，行车时的位置判断方法及路线选择技巧如图3-29所示。

对于这种道路，在观察时，应当根据3.4和3.6.2中介绍的方法判断车辆位置，过于靠右容易驶出右侧路边线

图3-29　有中心线（虚线）、单向一个车道时的行车要领

3.4.6　通过有中心线的多车道

有中心线（实线）、多车道的道路，行车时的位置判断方法及路线选择技巧如图3-30所示。

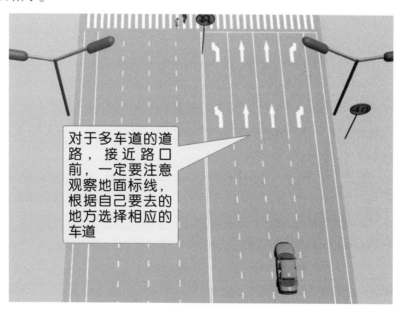

对于多车道的道路，接近路口前，一定要注意观察地面标线，根据自己要去的地方选择相应的车道

图3-30　有中心线（实线）、多车道时的行车要领

3.5 正确判断路面状况

出入小区，通过有下水井的路面、坑洼路、乡间道路、积水路、积雪路、施工路段等，都要适当慢行，在仔细观察的基础上选择合适的行驶路线。

3.5.1 路面颜色与路面状况的关系

柏油路、砂石路、土路、积水路、戈壁路、盐碱路、雨后表面干燥的盐碱路、沼泽路，不同道路表面的颜色和亮度是不一样的。结有薄冰的路，路中的坑洞处，失去井盖的下水井口，被挖断或大水冲断处等，颜色、亮度和正常路面也都不一样。如图3-31所示。

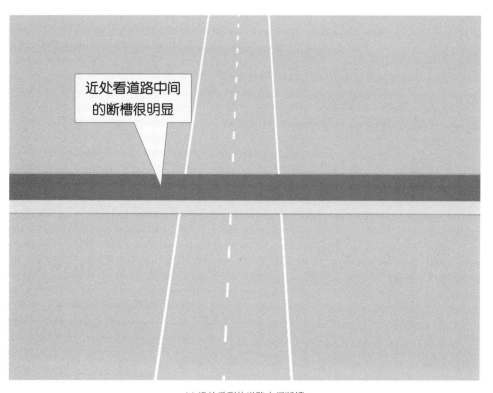

(a) 近处看到的道路中间断槽

图3-31

从远处看道路中间的断槽几乎是难以察觉的一条线，高速行驶更难察觉。到了施工路段，暴雨过后有水流的地方，一定要慢行仔细观察

(b) 远处看到的道路中间断槽

图3-31　远近不同观察到的道路断槽对比

在正常行驶的过程中，不论白天还是黑夜，如果发现前方路面颜色与通常路面颜色不同，说明路面状况发生了变化，要立即降低车速，仔细观察，可看同方向车辆驶过的情况，必要时可以停车下来观察，以免发生意外。

所以行车安全，需要最大限度地调动驾驶者的五官，尤其是眼睛。一个安全的司机必须"眼观六路"。行人横穿马路、车与车碰撞前，路面有异常时，都会有先兆。

 提示

老手和新手的最大区别，不在于开得有多快，而在于如何看懂先兆并提前做好应对准备。

3.5.2　异常路面安全驾驶注意事项

（1）防止被卡住

起伏大的地段容易卡住底盘，严重的将导致无法行驶，所以一定要仔细选择行驶路面，必要时可下车查看。如图3-32所示。

（2）防止压垮松软的路面

松软的路面容易被压垮，要尽量避开。如图3-33所示。

图3-32　起伏大的路面

图3-33　松软的路面

3.6 熟悉城乡道路的差别

城市道路的特点如图3-34所示。

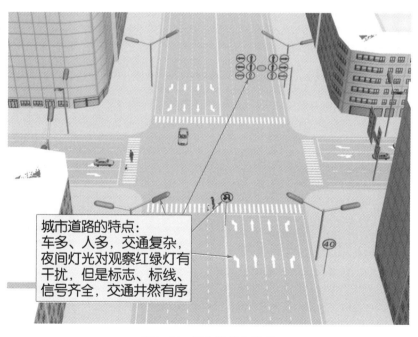

城市道路的特点：
车多、人多，交通复杂，
夜间灯光对观察红绿灯有
干扰，但是标志、标线、
信号齐全，交通井然有序

图3-34　城市道路的特点

乡村道路的特点如图3-35所示。

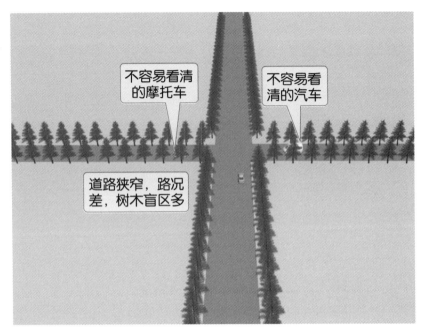

图3-35 乡村道路的特点

第**4**章

汽车驾驶基本技术

4.1 汇入车流

汇入车流

下面以出小区为例，说明汇入车流的方法。左转汇入车流的方法如图4-1所示。右转汇入车流的方法如图4-2所示。

不断扫视观察左右，出大门，开左转向灯，注意车辆行人，随机应变

(a)

图4-1

(b)

(c)

图4-1 左转汇入车流

(a)

(b)

图4-2 右转汇入车流

4.2 控制车速与紧急制动

调整车速范围不大时，只需通过控制油门来完成。速度改变较大时应换挡。
一般情况下控制车速的方法如下。

❶ 在拥挤的城市道路上，以下情况往往需要踩刹车。如图4-3所示。

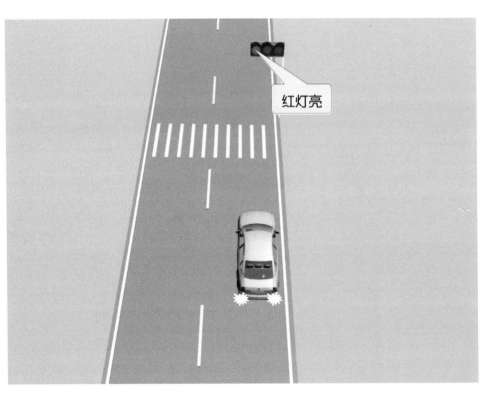

红灯亮

(a)

前车制动

(b)

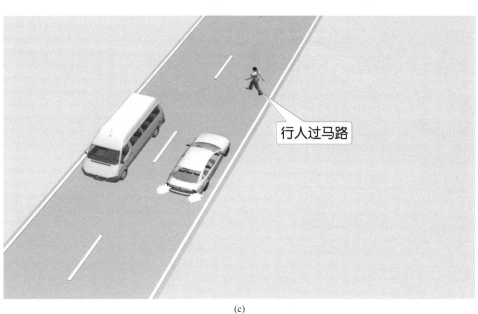

行人过马路

(c)

图4-3 低速行驶时需及时踩刹车的情况

遇以上这些情况需要将车速降得较低时，没有ABS的车辆，可按图4-4所示的方法控制车速。

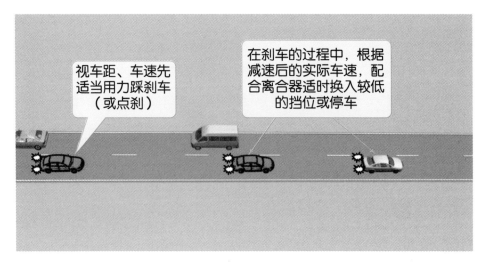

图4-4　无ABS的车辆控制车速的方法

❷ 中低速行驶遇紧急情况时也需要紧急制动，紧急制动方法如图4-5所示。该方法对装备ABS系统的车辆和没有装备ABS系统的车辆都是适用的。

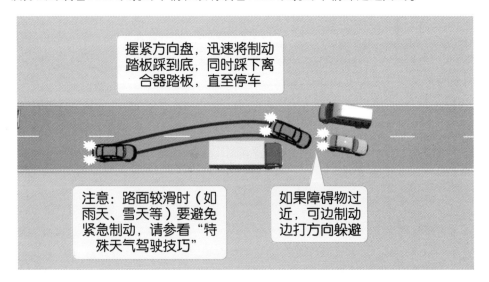

图4-5　车辆中低速行驶时的紧急制动方法

❸ 没有装备ABS系统的车辆高速行驶时（车速高于60km/h）应采用图4-6所示的方法制动。

行车中使用行车制动器有以下注意事项。

❶ 对于没有装备ABS系统的车辆，点刹（反复踩一下松一下）在任何时候都能使用，只是不同情况下"点"的力量和频率不同而已。车速快可"点"得重些、

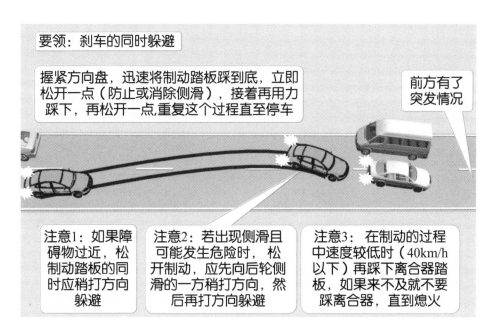

要领：刹车的同时躲避

握紧方向盘，迅速将制动踏板踩到底，立即松开一点（防止或消除侧滑），接着再用力踩下，再松开一点,重复这个过程直至停车

前方有了突发情况

注意1：如果障碍物过近，松制动踏板的同时应稍打方向躲避

注意2：若出现侧滑且可能发生危险时，松开制动，应先向后轮侧滑的一方稍打方向，然后再打方向躲避

注意3：在制动的过程中速度较低时（40km/h以下）再踩下离合器踏板，如果来不及就不要踩离合器，直到熄火

图4-6　无ABS系统的车辆高速行驶时的紧急制动方法

频率高些，车速慢可"点"得轻些、频率低些。若是装备ABS系统的车辆遇到紧急情况时必须一次性用力把刹车踩到底，而且不要松开，同时注意控制好方向，千万别用点刹，否则ABS不仅不发挥作用，还容易发生危险。一般情况下视车速车距适当用力踩住制动踏板不放松或点刹即可。装备ABS系统的车辆制动时会发出正常的噪声且制动踏板踩不下去还会震颤，这都是正常的，不必害怕。操纵装有ABS系统的车辆不要随意急转弯、快速变道、猛打方向、反复制动，否则会发生危险。

注意：ABS系统的主要作用是防止车轮在急刹车时抱死或打滑，它不能缩短制动距离。而且装备ABS的车辆在松软或者凹凸不平的路面（如土、砂、积雪路面）上制动距离有可能比没有ABS的车辆更长。所以不管驾驶什么样的车辆，都必须与其他车辆保持足够的安全车距。

❷ 要尽量避免紧急制动。紧急制动易造成后车追尾，可能引起连锁反应导致塞车。路滑、高速行驶（速度在60km/h及以上）时还易引起侧滑或甩尾，所以要提前做好预防，尽量避免紧急制动。

尽量避免急刹车的方法：准确观察并预见交通流下一时刻的状态，提前做好思想准备（不是提前做动作），该慢的时候一定要慢，该快的时候一定要快，根据道路状况（交通流的状况，路面摩擦力等）保持相应的安全跟车距离，可以最大限度地避免急刹车。比如过路口前，要提前减速并观察其他交通参与者的行驶动态，有盲区时应想到可能有人或车或其他物体出现，雨雪天适当增加跟车距离，一定要慢行，从而给刹车或避让留下充足的时间或空间，这样遇情况时自然就会从容不迫了。

③ 请牢记：遇紧急情况时应先制动后打方向（躲避）。

④ 进入弯道前要提前制动，使车速降至安全速度以下，不要在转弯时制动，以免发生侧滑驶出路面，必须制动时只能轻踩制动踏板或使用点刹。

⑤ 除急刹车外平时也要注意练习踩刹车的力度。理想的刹车力度是由轻变重，然后由重变轻，反复进行，到达目标前逐渐减轻踩踏，待车辆停止的瞬间，让刹车力度刚好变为零，停的瞬间再立即踩下。上下坡停车应在车辆停稳的瞬间立即踩死刹车。

跟车

4.3 跟车

跟车时的观察方法如图4-7所示。跟车距离如图4-8所示。

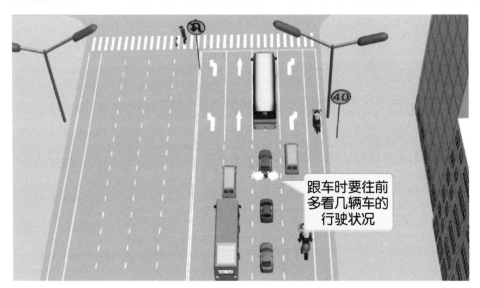

跟车时要往前多看几辆车的行驶状况

图4-7　跟车时的观察要领

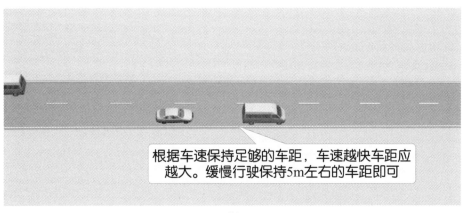

根据车速保持足够的车距，车速越快车距应越大。缓慢行驶保持5m左右的车距即可

(a)

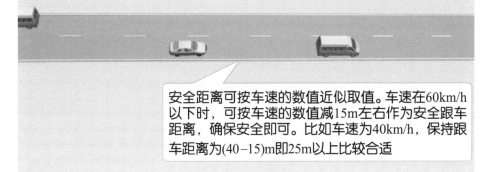

安全距离可按车速的数值近似取值。车速在60km/h以下时，可按车速的数值减15m左右作为安全跟车距离，确保安全即可。比如车速为40km/h，保持跟车距离为(40-15)m即25m以上比较合适

(b)

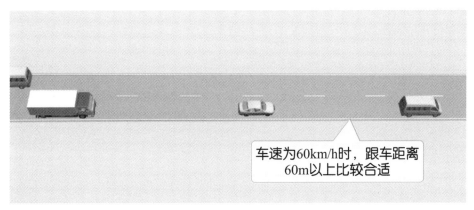

车速为60km/h时，跟车距离60m以上比较合适

(c)

图4-8

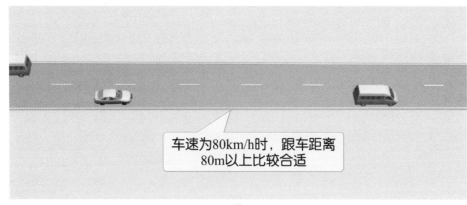

(d)

图4-8　跟车距离

　　跟车速度如图4-9所示。跟在大型货车、公交车、出租车之后应注意的问题如图4-10 ～图4-12所示。跟车时的横向安全距离如图4-13所示。

图4-9　跟车速度

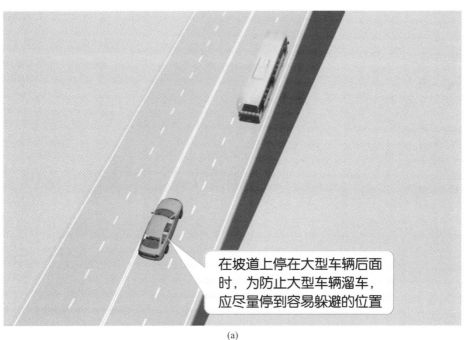

在坡道上停在大型车辆后面时，为防止大型车辆溜车，应尽量停到容易躲避的位置

(a)

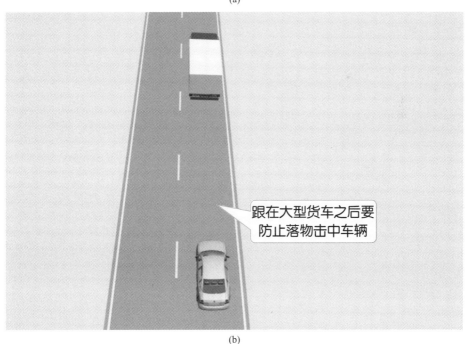

跟在大型货车之后要防止落物击中车辆

(b)

图4-10 跟在大型货车后应注意的问题

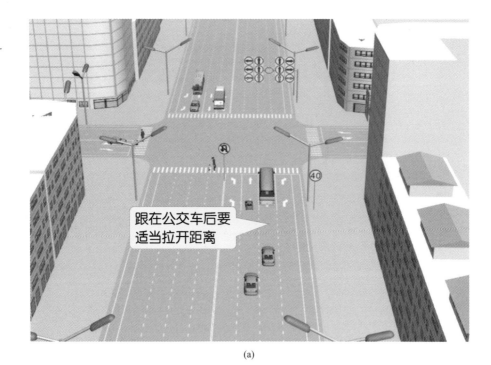

(a)

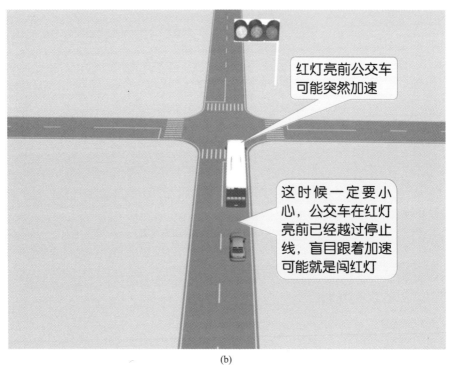

(b)

图4-11 跟在公交车后应注意的问题

图4-12　跟在出租车后应注意的问题

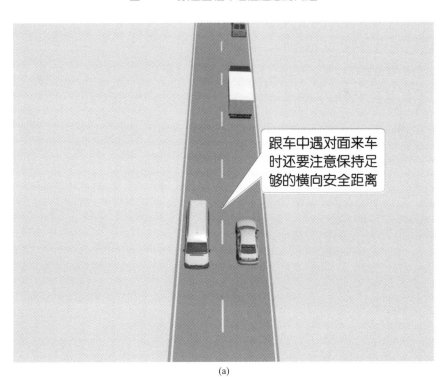

(a)

图4-13

汽车驾驶：从新手到高手

配动画演示视频

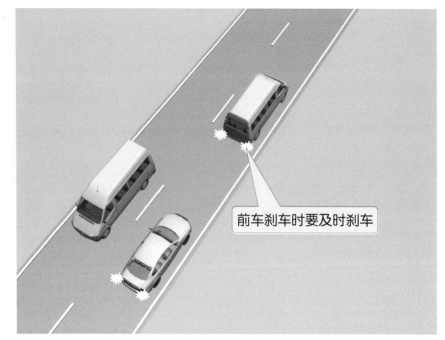

前车刹车时要及时刹车

(b)

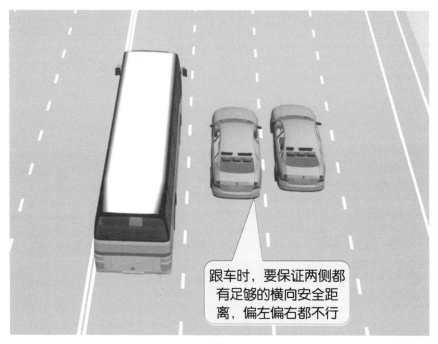

跟车时，要保证两侧都有足够的横向安全距离，偏左偏右都不行

(c)

图4-13　跟车时的横向安全距离

4.4 会车

会车地点的选择方法如图4-14所示，与大型车辆会车及在人车混行道路上会车应注意的问题如图4-15和图4-16所示。

会车

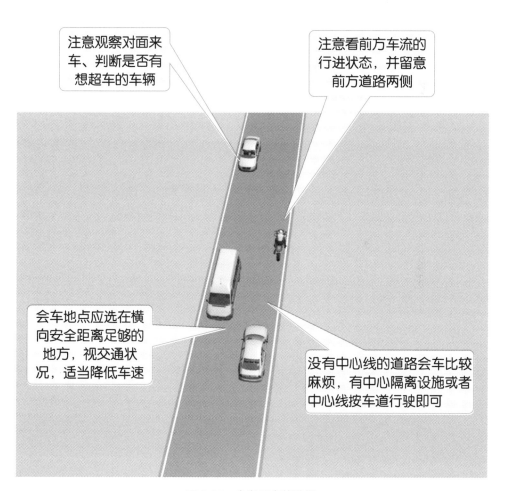

注意观察对面来车、判断是否有想超车的车辆

注意看前方车流的行进状态，并留意前方道路两侧

会车地点应选在横向安全距离足够的地方，视交通状况，适当降低车速

没有中心线的道路会车比较麻烦，有中心隔离设施或者中心线按车道行驶即可

图4-14 会车地点的选择

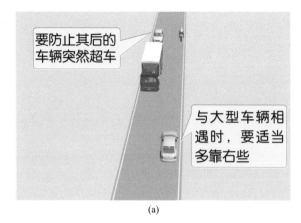

(a)

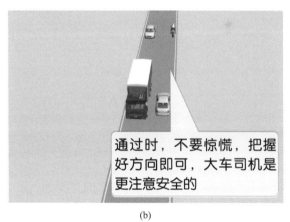

(b)

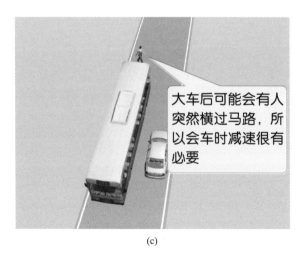

(c)

图4-15　与大型车辆会车时应注意的问题

(a)

(b)

图4-16　人车混行道路上会车时应注意的问题

4.5 超车与让超车

在城市道路上，作为新手，应以跟车为主，一般不要超车，除非超车条件特别好。

超车与让超车

一般公路上的超车方法和步骤如图4-17所示。

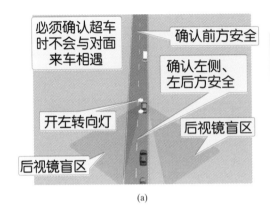
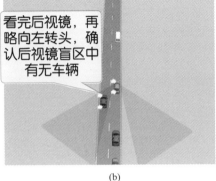

(a) (b)

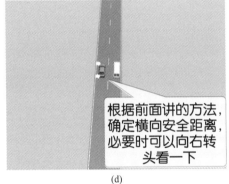

(c) (d)

(e) (f)

图4-17 超车的方法和步骤

超车时应注意以下几个问题，如图4-18所示。

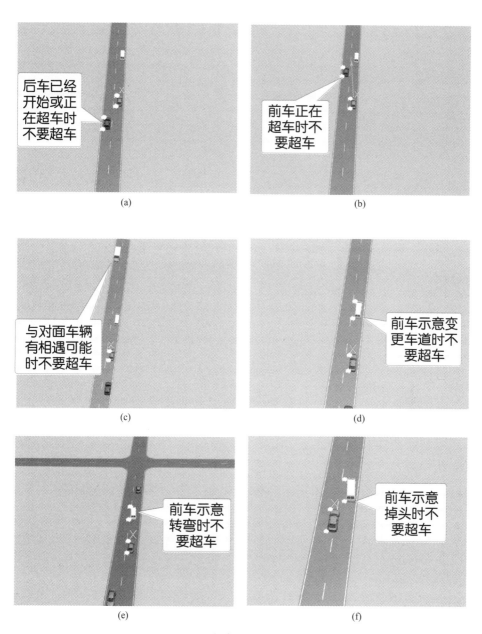

图4-18 超车时应注意的问题

让超车的方法如图4-19所示。

图4-19　让超车的方法

变道

4.6　变道

以向左侧车道变道为例进行说明，如图4-20所示。图4-21给出了连续变道的时机和变道方法。

(a)

(b)

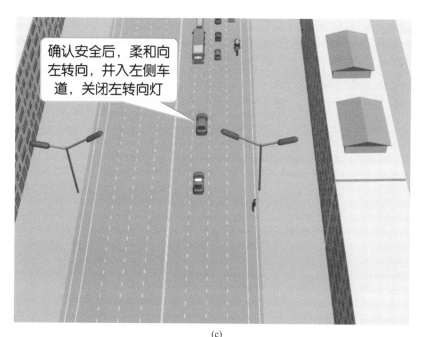

(c)

图4-20　向左侧车道变道的方法

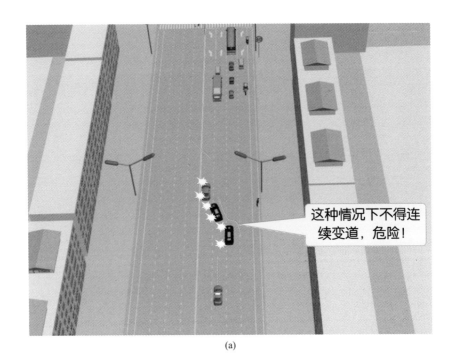

(a)

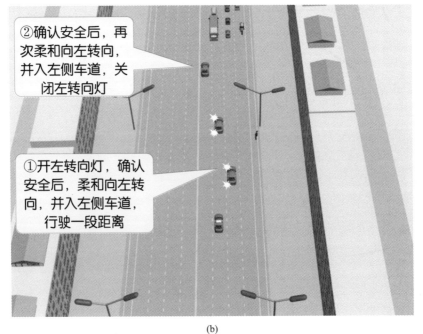

(b)

图4-21　连续变道的时机和变道方法

4.7　倒车

注意：不同的身高，同一人不同的坐姿观察到的位置都会有差别，这里只是示范方法，不要照搬，可结合自身情况作适当调整。

看后视镜确定车尾位置的方法和步骤如图4-22所示。

在与车尾平齐处画一条线

(a)

这是后门把手

按正常驾驶姿势无法看到所画的那条线

(b)

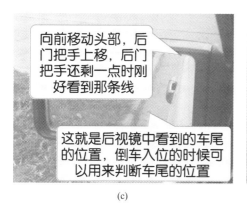

向前移动头部，后门把手上移，后门把手还剩一点时刚好看到那条线

这就是后视镜中看到的车尾的位置，倒车入位的时候可以用来判断车尾的位置

(c)

这是前门把手

继续向前移动头部，可以看到车尾再前面的一些地方

(d)

图4-22　看后视镜确定车尾位置的方法和步骤

如果在后视镜里看不到白线，可以适当调整后视镜，直到看到后方的白线为止。

倒车方法大致可分为三种：看后车窗倒车、伸出头看左后方倒车和看后视镜倒车。

倒车时应挂倒挡，配合半联动以控制车速，车速不要超过5km/h。

4.7.1　直线倒车

直线倒车方法如图4-23所示。

看后车窗倒车时，为了保证沿直线后倒，注视后车窗倒车时要选好后方的参照点。如路沿、路面实线、虚线等和后挡风玻璃下边的交点。在其他情况下，车库门边框、路边树木等都可选作参照物，以方便、安全为选取原则。

(a) 看后车窗倒车　　　　　　　　　　(b) 伸出头看左后方倒车

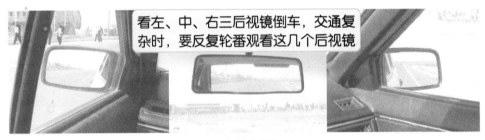

(c) 看后视镜倒车

图4-23　直线倒车方法

注意：当路上的线条、路边沿和车身平行时，在左或右后视镜中看到的影像并不平行，而是车身前面的路面略宽，车尾的路面略窄，如图4-24所示。后倒时，如果车身相对它们不旋转，说明车身和它们是平行的。

图4-24　后视镜中看到的影像

4.7.2　右转弯倒车

右转弯倒车的方法及正误对比如图4-25所示。

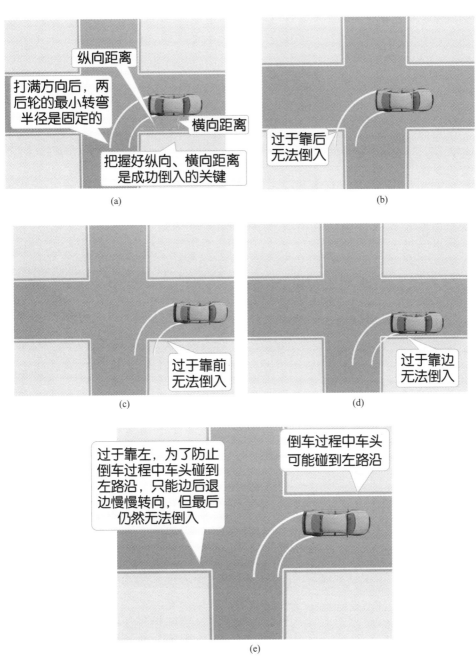

图4-25　右转弯倒车方法及正误对比

后视镜只能看到后方景物中很窄的一部分，在转弯倒车的过程中后视镜中的景物也在不停地变化，容易看错，因此必须仔细观察，弄不清是地面的什么位置时要立即停车，不要乱打方向，盲目后倒，以免发生事故。

图4-26所示是右转弯倒入路口时观察后视镜中景物变化的实例。

(a)

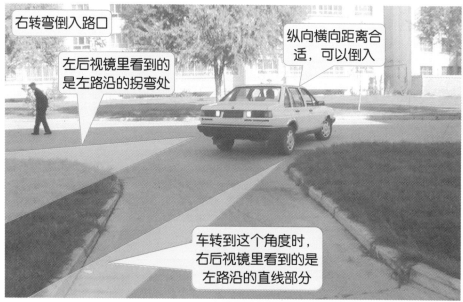

(b)

在上图的位置时，右后视镜里看到的是左路沿

(c)

左后视镜里看到的是左路沿的拐弯处

(d)

内后视镜是看不到左路沿的

(e)

转到这个角度时，右后视镜里看到的是这部分路面

(f)

图4-26　右转弯倒入路口时的观察要领

4.7.3　左转弯倒车

左转弯倒车的方法及观察要领如图4-27所示。

可以看左后视镜倒车，景物变化规律与右转弯倒车类似

转到这个角度时，左后视镜里看到的是左弯

(a)

左后视镜里看到的是左弯

(b)

图4-27

右后视镜里看到的是右路沿

(c)

图4-27　左转弯倒车方法及观察要领

当在左后视镜中看到左路沿相对于车身的位置后面略宽前面略窄时，就应回方向；当前面略宽后面略窄时，稳住方向。如果车尾相对左路沿不再转动，说明已在直线后倒；若旋转，可转动方向盘调整方向，要少打少回。

看后视镜倒车，情况复杂时要反复看左、内、右三后视镜。倒车时应该注意的其他情况如图4-28所示。

还可将头伸出左窗外直接注视左后方倒车

(a)

倒车时一定要细心观察，尤其是转弯倒车时，不要因打反方向而撞上路边的电线杆、矮桩子等物体，搞不清方向时，立即停车，必要时下车观察，弄清方向后，再向后倒

(b)

图4-28　倒车时应注意的其他情况

4.8 掉头

公路掉头

在宽阔路段掉头的方法如图4-29所示。

道路宽度过窄时，可通过多次前进和后退的方法完成掉头。

狭窄公路掉头中进退时判断车轮既靠近路边又不驶出路面是减少进退次数的关键。对一般小型车辆来说，双车道公路，两进一退就可以完成掉头。

图4-29 宽阔路段的掉头方法

下面是通过三进二退完成6米窄路掉头的方法和步骤。如图4-30所示〔如有倒车可视系统，只需按图4-30（a）～（f）所示步骤进行，再借助倒车可视系统确定车尾位置即可顺利完成掉头操作〕。

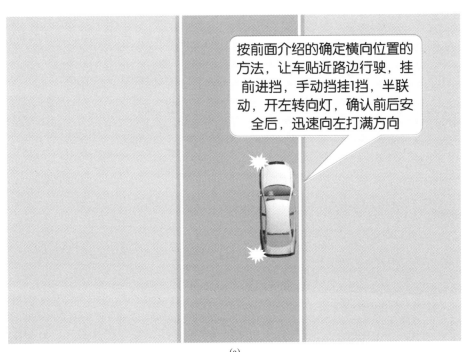

(a)

图4-30

一进

为了防止车辆驶出路面，车头离路沿较远时就应将右脚置于刹车踏板上，不要踩

左前轮接近路沿时迅速向右回方向，尽量多回

(b)

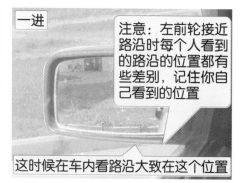

一进

注意：左前轮接近路沿时每个人看到的路沿的位置都有些差别，记住你自己看到的位置

这时候在车内看路沿大致在这个位置

(c)

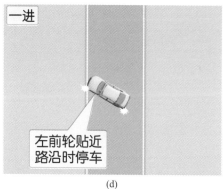

一进

左前轮贴近路沿时停车

(d)

一进

这时候在车内看路沿大致在这个位置

(e)

一退

挂倒挡，手动挡半联动，起步后迅速向右打满方向，不熟练时可先向右打满方向然后再起步

为了防止车辆退出路面，车尾离路沿较远时就应将右脚置于刹车踏板上，不要踩

右后轮接近路沿时迅速向左回方向，尽量多回

(f)

一退

注意：右后轮接近路沿时每个人在右后视镜内看到的路沿的位置都有些差别，记住你自己看到的位置

这时候在右后视镜内看路沿大致在这个位置

(g)

一退

右后轮贴近路沿时停车

(h)

一退

这时候在右后视镜内看路沿大致在这个位置

(i)

二进

挂前进挡，手动挡挂1挡，半联动，开左转向灯，确认道路左右侧安全后，迅速向左打满方向，右前轮接近路沿时迅速向右回方向

(j)

二进

注意：右前轮接近路沿时每个人看到的路沿的位置都有些差别，记住你自己看到的位置

这时候在车内看路沿大致在这个位置

(k)

二进

右前轮贴近路沿时停车

(l)

二进

这时候在车内看路沿大致在这个位置

(m)

二退

挂倒挡，手动挡半联动，起步后迅速向右打满方向，左后轮接近路沿时迅速向左回方向

(n)

二退

注意：左后轮接近路沿时每个人在左后视镜内看到的路沿的位置都有些差别，记住你自己看到的位置

这时候在左后视镜内看路沿大致在这个位置

(o)

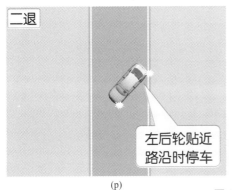

二退

左后轮贴近路沿时停车

(p)

二退

这时候在左后视镜内看路沿大致在这个位置

(q)

图 4-30

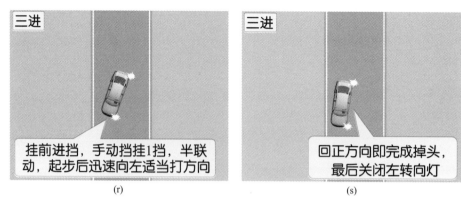

图4-30　三进二退完成6米窄路掉头的方法和步骤

第5章

一般道路驾驶

5.1 通过交叉路口

通过交叉路口时的一般注意事项如图5-1所示。

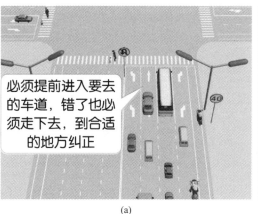

必须提前进入要去的车道，错了也必须走下去，到合适的地方纠正

(a)

绿灯刚亮

要耐心等待行人通过

(b)

黄灯亮

越过停止线的车辆可以继续通行

(c)

图5-1 通过交叉路口时的一般注意事项

5.1.1 有信号灯控制的交叉路口

（1）直行

直行通过有信号灯控制的交叉路口应注意的问题如图5-2所示。

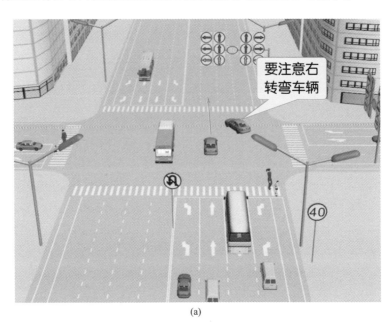

(a)

(b)

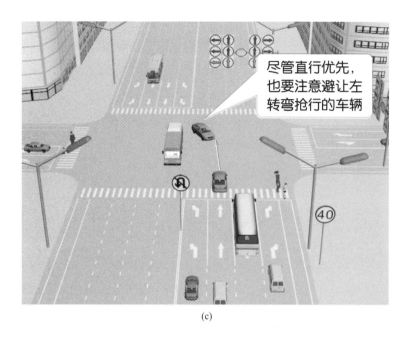

(c)

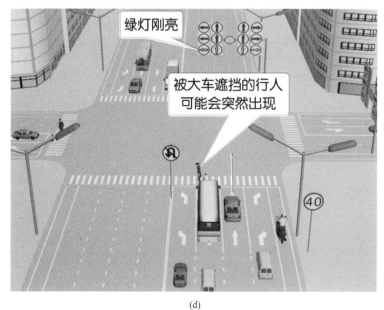

(d)

图5-2 直行通过有信号灯控制的交叉路口

（2）右转弯

如果有右转弯车道信号灯，则应按车道信号灯的控制进行右转；没有右转弯车道信号灯控制的路口，绿灯、红灯都可以右转。下面分别介绍绿灯亮时和红灯亮时的右转方法。

❶ 绿灯亮时的右转方法如图5-3所示。

❷ 红灯亮时的右转方法如图5-4所示。

（3）左转弯

无论有没有车道信号灯的控制，只有绿灯亮时才能左转弯。左转弯的方法和步骤如图5-5所示。

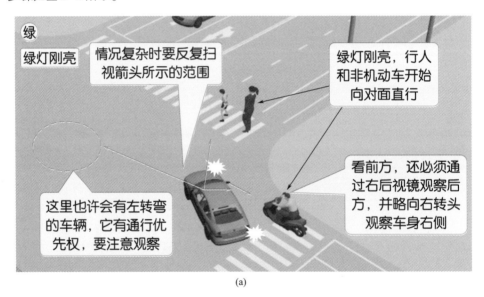

(a)

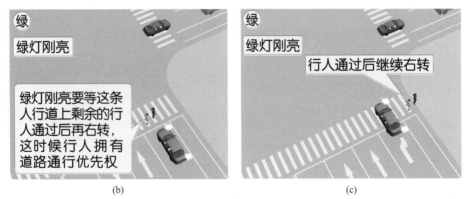

(b)　　　　　　　　　　　　　　(c)

图5-3　绿灯亮时的右转方法

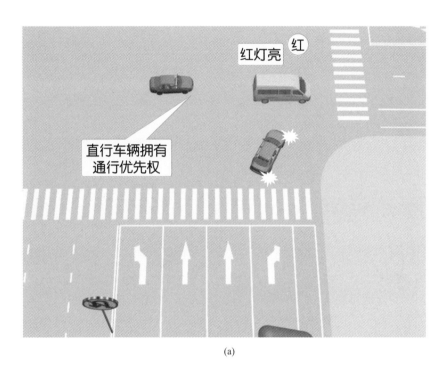

(a)

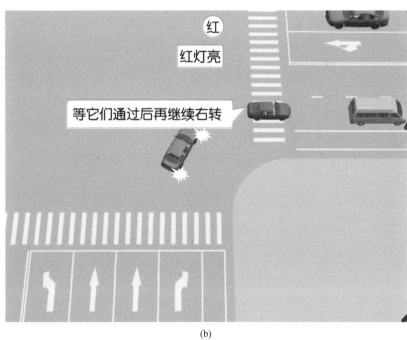

(b)

图 5-4

随车流右转还要注意前方车流的状态

(c)

图5-4 红灯亮时的右转方法

绿灯亮

根据交通复杂程度适当反复扫视观察箭头所示的范围

(a)

(b)

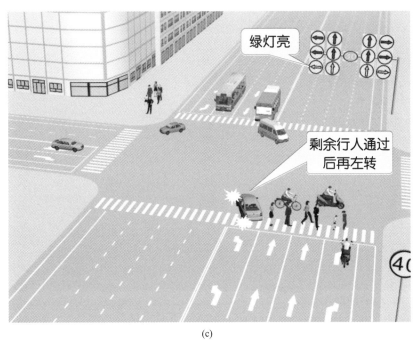

(c)

图 5-5

085

(d)

(e)

(f)

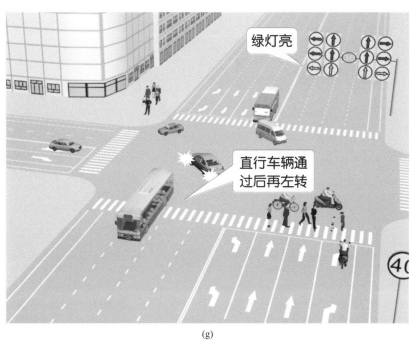

(g)

图5-5

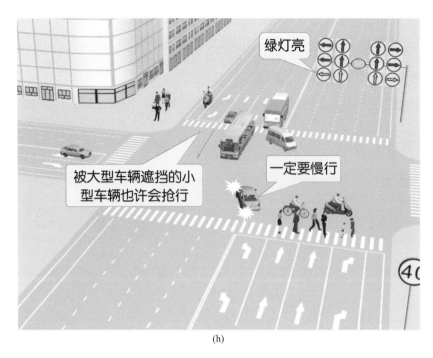

(h)

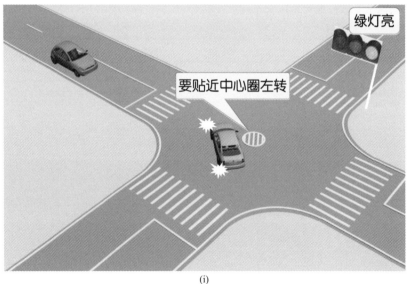

(i)

图 5-5　左转弯的方法和步骤

如果有车道信号灯控制，即使分配了专门的左转弯通行时间，也要仔细观察，不要因"其他方向一定不会有其他人通过"的想法而疏于观察，一旦有违法车辆、行人通过，可能会酿成恶果。

（4）预测信号灯

　　预测信号灯的方法和注意事项如图5-6所示。

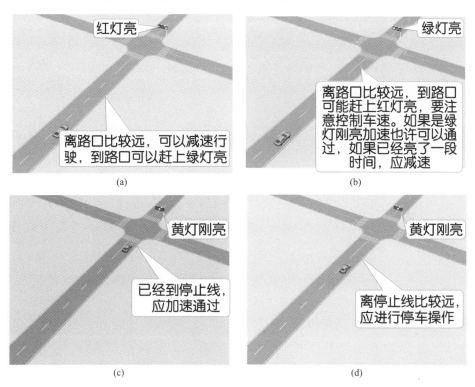

图5-6　预测信号灯通行的方法

（5）过路口还需要注意的其他问题

❶ 遇到堵车的情况如图5-7所示。

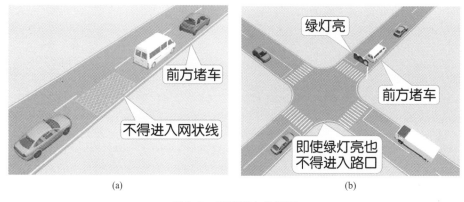

图5-7　遇到堵车的情况

② 通过复杂路口的方法如图5-8所示。

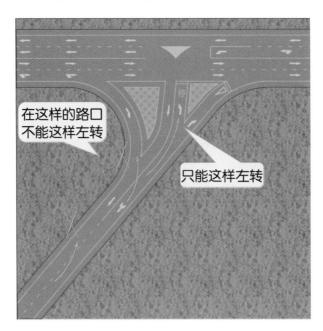

图5-8　通过复杂路口的方法

5.1.2　无信号灯控制的交叉路口

通过无信号灯控制路口的观察方法如图5-9所示，右转弯方法如图5-10所示。

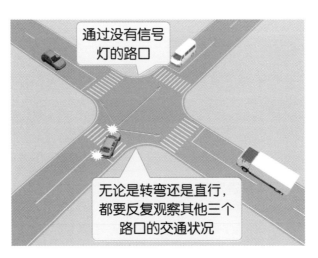

图5-9　通过无信号灯控制路口的观察方法

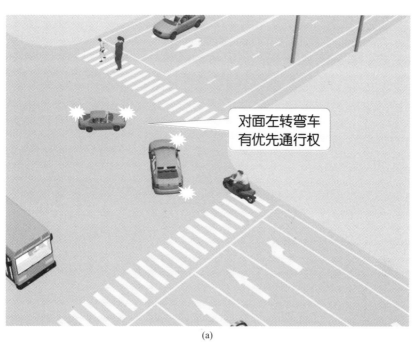

对面左转弯车
有优先通行权

(a)

等它通过后
再继续右转

(b)

图 5-10 在无信号灯控制路口右转弯的方法

狭窄路口通行

5.2 狭窄路口通行

通过狭窄路口时有以下一些注意事项，如图5-11所示。

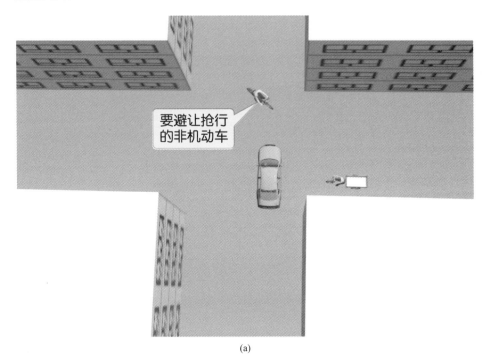

(a)

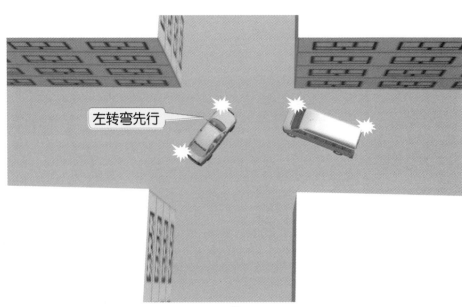

(b)

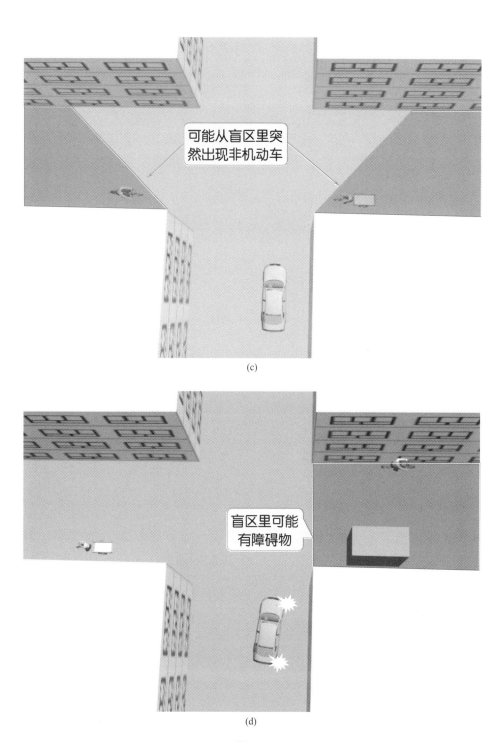

(c)

(d)

图 5-11

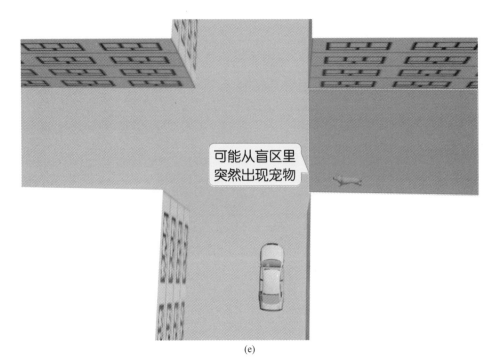

(e)

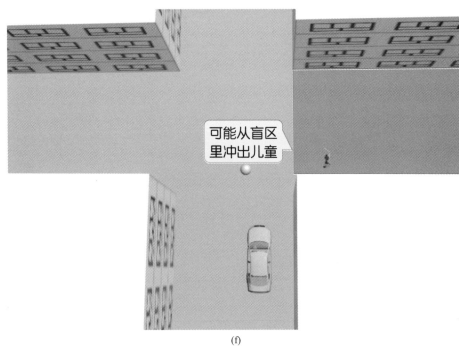

(f)

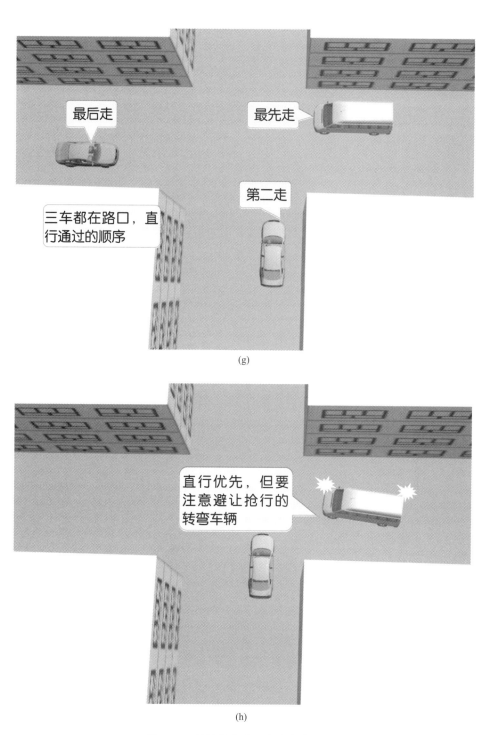

(g)

(h)

图 5-11　通过狭窄路口应注意的问题

5.3 坡道通行

5.3.1 坡道起步

（1）上坡起步操作顺序

❶ 踏下离合器踏板；

❷ 挂1挡；

❸ 开左转向灯；

❹ 看前方和三后视镜；

❺ 松离合器至半联动，快要熄火时稳住，松手刹，车是不会溜的（坡度过大时为防止熄火，到半联动稳住离合器时可立即边加油边松手刹），根据坡度适当加油；

❻ 起步后完全松开离合器踏板；

❼ 起步后关左转向灯。

踏下离合器踏板、制动踏板临时停车后，向上坡方向起步或倒车起步，不用手刹的方法：松离合器至半联动，快要熄火时稳住，松制动踏板，车是不会溜的，将右脚移到油门踏板上，根据坡度适当加油，起步后完全松开离合器踏板。

（2）下坡起步操作顺序

下坡起步按平路起步的操作顺序进行。

❶ 踏下离合器踏板；

❷ 挂1挡；

❸ 开左转向灯；

❹ 看前方和三后视镜；

❺ 松离合器至半联动，根据坡度，不加油或适当加油；

❻ 松手刹，完全松开离合器踏板；

❼ 起步后关左转向灯。

图5-12　下坡起步

如图5-12所示，下坡时，汽车有下滑的趋势，所以下坡起步时还应注意以下几点。

❶ 视坡度的大小，挂入合适的挡位进行起步，坡度小挂低速挡，坡度大挂中速挡，严禁空挡滑车起步。

❷ 下坡起步时，松开手刹后车辆就会下溜自动起步，所以松抬离合器踏板可稍快且平稳，油门不可太大，有时可以不加油。

③ 如需控制车速，可适当踩刹车。如果需要以很慢的速度行车，如通过地下停车场的入口通道时，可将离合器踩到底，只用行车制动器控制行车速度，这时候半联动无法实现很慢速度的控制，快到坡底时再慢慢放松离合器至半联动，然后视车速减轻踩制动踏板的力量，到平路上再彻底松开制动踏板，靠半联动控制行车速度。

（3）坡道行车注意事项

① 在坡道转弯处要减速鸣喇叭，靠右行驶。

② 下坡不能熄火或空挡滑行。

③ 不要跟车太近。上坡时跟车距离要适当加大，下坡应更大些。

④ 在下坡路的尽头如有桥梁应提前降低车速，平稳通过。

5.3.2 坡道换挡

坡道换挡，即上下坡加减挡，与平路换挡操作步骤一样，只是在换挡时机的把握、机件操作与配合、换挡速度上要求更高而已，所以最好在平路换挡熟练的基础上进行这些训练。尽量不要在坡道上换挡，尤其是不熟练时。

（1）上坡加挡

实际驾驶中要尽量避免上坡时换挡，应提前换好。这里主要用于训练。

对于不陡的坡如果动力充足可以加挡。上坡加挡除了按一般的加挡要领操作外，要特别注意以下几点。

① 上坡阻力大，冲车要比平路大，加挡应尽量选择坡中平缓地段进行。

② 冲车虽大但要适当，挂空挡加挡要快。换挡动作慢，会造成加挡后动力损失多，换入新挡位将无法继续行驶。

③ 挂挡后，离合器踏板应迅速抬至半联动位置，随即踩下油门踏板，然后再慢抬离合器踏板，使车辆平稳上坡。

（2）上坡减挡

汽车上坡前，视交通道路情况，应提前加速冲车。当感觉动力不足时，必须提前换入低一级挡位。上坡减挡应注意以下问题。

① 换挡时机要准确。上坡减挡时机过早，会造成动力浪费，过晚会造成动力不足，甚至需要停车重新起步。可通过"听"和"看"来确定：当听到发动机声音变低沉，车速迅速减慢时，表明动力不足，应及时减挡。遇有陡坡或满员上坡，减挡时机要提前，稍感动力不足，就应减挡，宁早勿晚。

② 踩离合器、摘空挡、挂入低一级挡位三个动作，要迅速准确。

（3）下坡加挡

下坡加挡除按一般的加挡要领操作外，要特别注意以下几点。

❶ 冲车要小。下坡加挡冲车要小于平路，较陡的坡路不需冲车，为防止踏下离合器踏板后车速过快而不易操作，必要时还要稍踩制动。

❷ 动作要快、准。

（4）下坡减挡

下坡时，如果道路情况复杂，应用低速挡行驶。其操作要领为：右脚踏下制动踏板，使车速逐渐降低到低一级挡位所需行驶速度的最低值，然后踏下离合器踏板，迅速挂入空挡，再换入所需的挡位，最后根据道路、交通情况松抬离合器踏板或踩制动踏板。

5.3.3 坡道停车

（1）上坡停车

上坡停车操作要领与平路停车基本一致，但应注意：

❶ 车速较快时，可在松开油门后，先踏下离合器踏板，待车将要停下时，踩下制动踏板将车停住。拉紧手刹后挂空挡，慢慢放松制动踏板。如果松开制动踏板时车辆有向后溜的现象，应马上再踩下制动踏板，重新拉紧手刹后，再慢慢松抬制动踏板。如图5-13（a）所示。

❷ 如果车速较慢，应在踏下离合器踏板的同时，踩下制动踏板，再拉紧手刹，挂空挡，以防车辆后溜，如图5-13（b）所示。

(a) 上坡车速较快时的停车操作

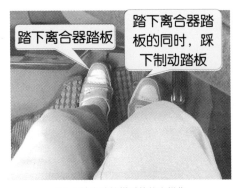

(b) 上坡车速较慢时的停车操作

图5-13 上坡停车操作要领

（2）下坡停车

下坡停车时，先适当踏制动踏板使车速减慢，车将停下时再踏下离合器踏板，并继续踏下制动踏板使车停住，再拉紧手刹，挂空挡。如图5-14所示。

（3）坡道停车注意事项

一般情况下是不允许将车辆停在坡道上的，如果确实要在坡道上停车，而且时间较长，应在发动机熄火后，将变速杆挂入低速挡（上坡停车）或倒挡（下坡停车），还应用三角木或石块等塞在后车轮的后面（上坡停车），或前面（下坡停车），以防手制动未到位或失灵造成事故。

图5-14 下坡停车操作要领

5.3.4 坡道倒车

（1）沿上坡方向倒车

倒车方向沿坡面向上，如图5-15所示。

沿上坡方向倒车的方法与上坡起步的操作方法类似，不同之处是这里需要挂倒挡。当然应使离合器踏板、油门踏板、手刹的操作配合好，避免熄火或沿斜坡向下冲。起步后适当加油后倒即可。具体操作参看"坡道起步"部分。倒至预定位置后，在踩下离合器踏板的同时，踏下制动器踏板，即可使车辆平稳停住，拉紧手刹，挂空挡。踩离合器踏板要略快，防止熄火。

（2）沿下坡方向倒车

倒车方向沿坡面向下，如图5-16所示。

图5-15 沿上坡方向倒车

图5-16 沿下坡方向倒车

沿下坡方向倒车，需要挂倒挡。松开制动后车辆会向后溜滑，起步一般不需要加油。可先踏下行车制动踏板，然后放松手刹，接着松抬离合器至半联动，根据坡度大小松抬制动器踏板，起步后完全松开离合器，并利用行车制动器控制倒车速度。也可采用松离合器踏板的同时松手刹的方法起步，起步后再利用行车制动器控制倒车速度。倒至预定位置后，在踏制动器踏板的同时，踏下离合器踏板，即可使车辆平稳停住，拉紧手刹，挂空挡。如果车轮刚好处于坡道的洼坑处，不加油无法起步时，可采用坡道起步的方法起步，起步后一旦驶出洼坑右脚应迅速松开油门并移到制动器踏板上，适当踩踏以控制倒车速度。

　　如果需要以很慢的速度倒车，可将离合器踩到底，只用行车制动控制倒车速度。

5.4　弯道通行

　　弯道通行时的驾驶技巧和要领如图5-17所示。

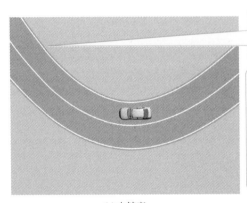

眼要看远处弯路，用余光判断车的横向位置

按第3章中介绍的判断方法，把握好车的位置，可以偏左行驶，但不要越过实线，转弯前提前减油减速或刹车减速，必要时减挡，尽量不要在转弯时刹车

(a) 右转弯

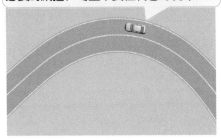

按第3章中介绍的判断方法，把握好车的位置，可以偏右行驶，但要防止驶出路面，转弯前提前减油减速或刹车减速，必要时减挡，尽量不要在转弯时刹车

(b) 左转弯

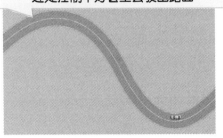

对于连续弯路，通过第一个弯的时候就要看下一个弯，只顾看当前的弯，容易发生较大的偏差，连续弯越短偏差越容易产生，只看近处控制不好甚至会驶出路面

(c) 连续转弯

图5-17　弯道通行驾驶技巧和要领

5.5 环岛通行

环岛通行

环岛大致可以分为以下几种形式，如图5-18所示。

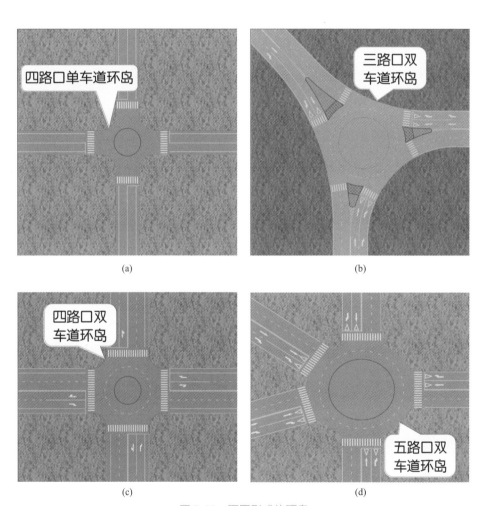

图 5-18 不同形式的环岛

入岛的车辆要让岛内的车辆先行。

转向灯的使用：右转弯时右灯进、右灯出，其他路口则是左灯进、右灯出。

对于双车道环岛：小车可以直接进入内侧车道。

下面以驶向右转以外的路口说明环岛通行方法。如图5-19和图5-20所示。

汽车驾驶：从新手到高手

配动画演示视频

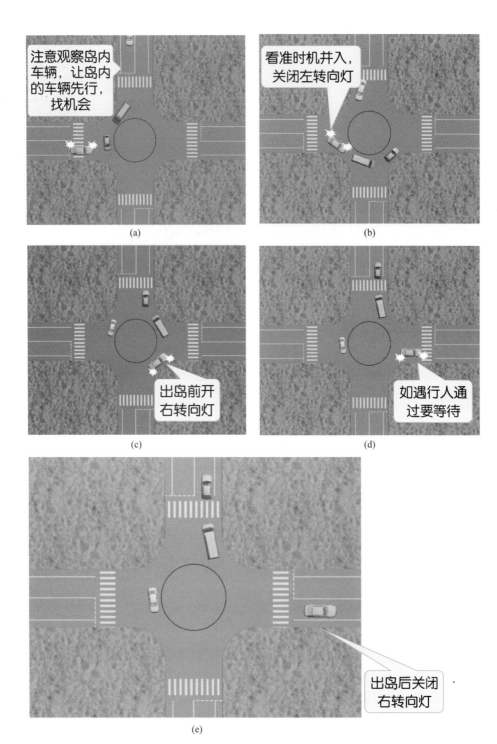

图5-19　四路口单车道环岛通行方法

102

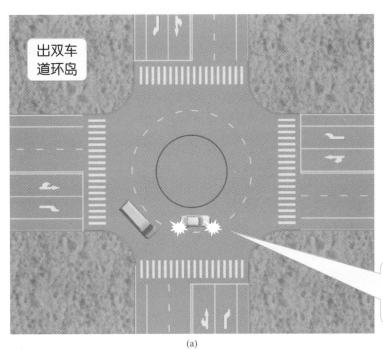

(a)

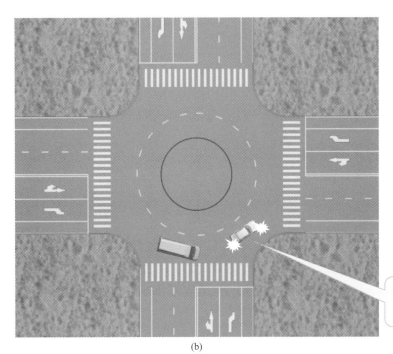

(b)

图5-20 四路口双车道环岛通行方法

5.6 立交桥通行

5.6.1 常见的立交桥及通行方法

常见的立交桥及通行方法如图5-21所示。

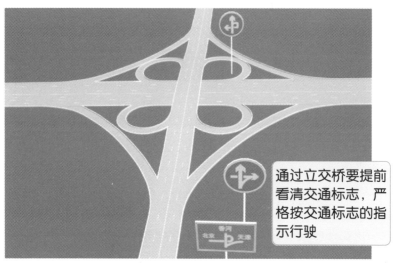

通过立交桥要提前看清交通标志，严格按交通标志的指示行驶

(a) 注意交通标志

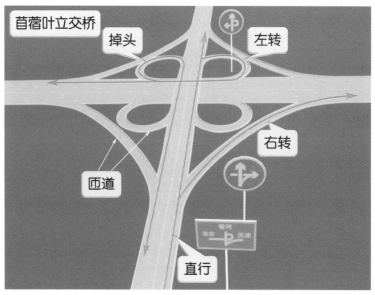

苜蓿叶立交桥

掉头　左转

匝道　右转

直行

(b) 苜蓿叶立交桥

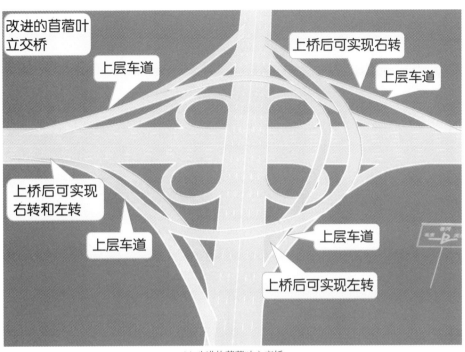

(c) 改进的苜蓿叶立交桥

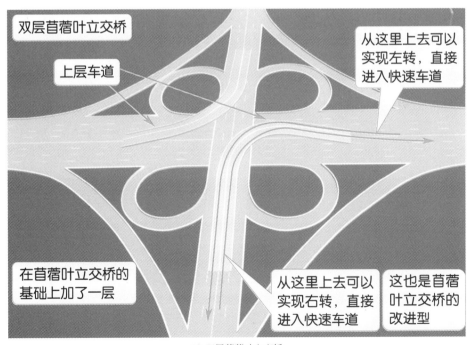

(d) 双层苜蓿叶立交桥

图5-21 常见的立交桥及通行方法

5.6.2 匝道行驶

进出立交桥或高速公路需要通过匝道来完成，为了安全，进出匝道前要开转向灯3秒以上。

（1）无引导车道时匝道通行方法

❶ 无引导车道时由匝道驶入的方法如图5-22所示。

由匝道驶入主路，降低车速，开右转向灯3s以上

香河

北京

(a)

在匝道上车速应降至30km/h以下，车距15m以上

进入匝道开左转向灯

(b)

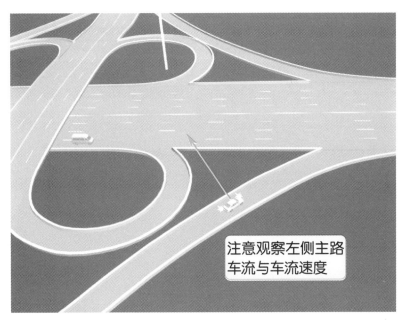

注意观察左侧主路
车流与车流速度

(c)

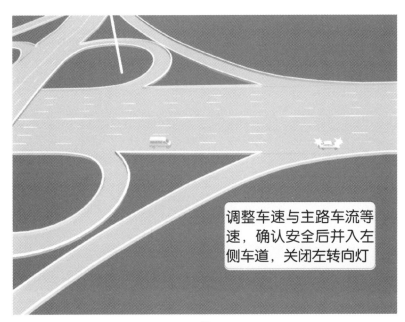

调整车速与主路车流等
速，确认安全后并入左
侧车道，关闭左转向灯

(d)

图5-22 无引导车道时由匝道驶入的方法

❷ 无引导车道时由匝道驶出主路的方法如图5-23所示。

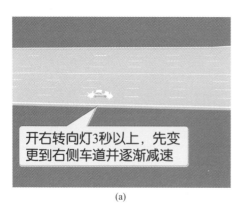

开右转向灯3秒以上，先变更到右侧车道并逐渐减速

(a)

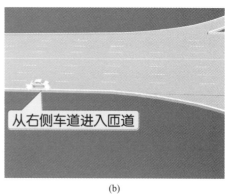

从右侧车道进入匝道

(b)

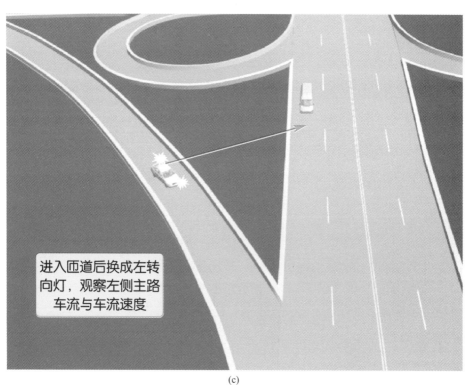

进入匝道后换成左转向灯，观察左侧主路车流与车流速度

(c)

(d)

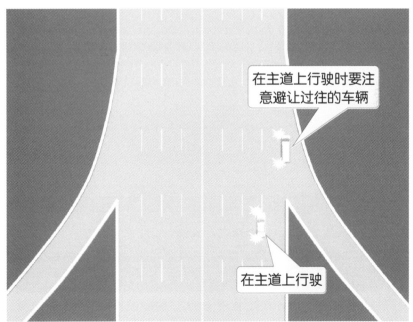

(e)

图 5-23

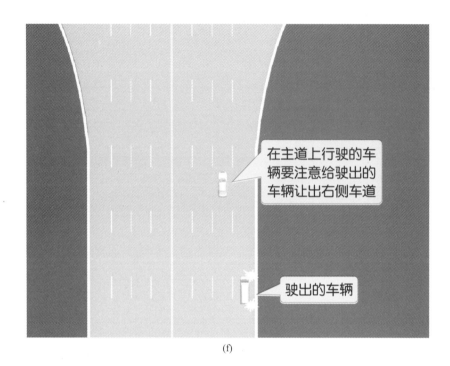

(f)

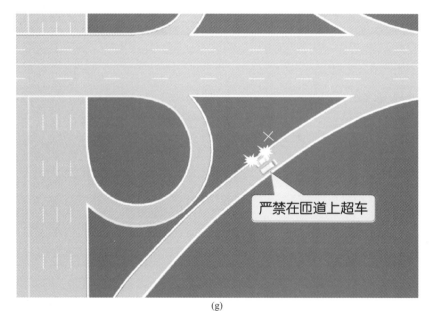

(g)

图 5-23　无引导车道时由匝道驶出主路的方法

（2）有引导车道时匝道通行方法

有引导车道的匝道，除在引导车道上的驾驶有差别外，其他路段的驾驶注意事项与前面所述一样。如图5-24和图5-25所示。

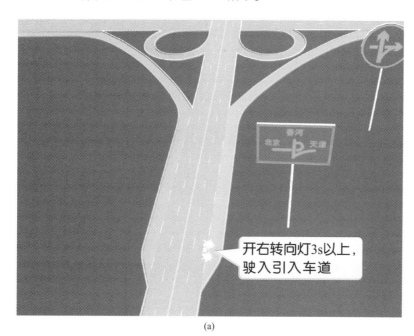

(a)

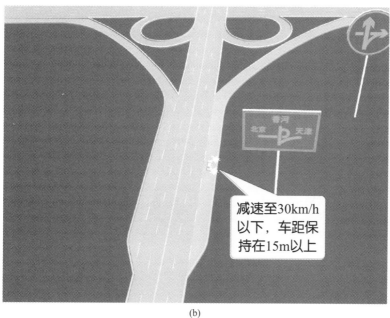

(b)

图5-24

进入匝道后换成开左转向灯，注意观察左侧主路交通状况

(c)

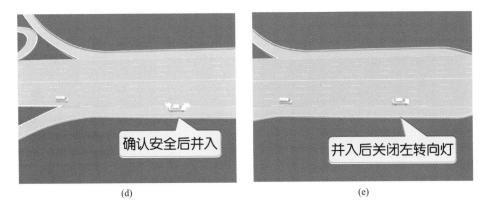

确认安全后并入

(d)

并入后关闭左转向灯

(e)

图5-24　有引导车道匝道通行的方法

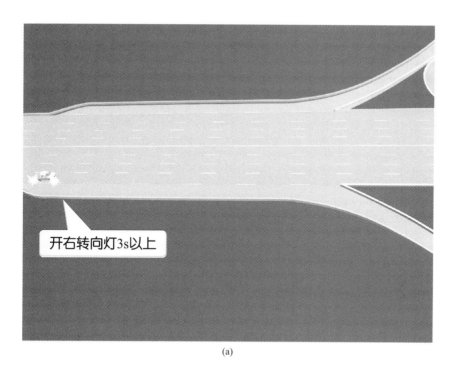

(a)

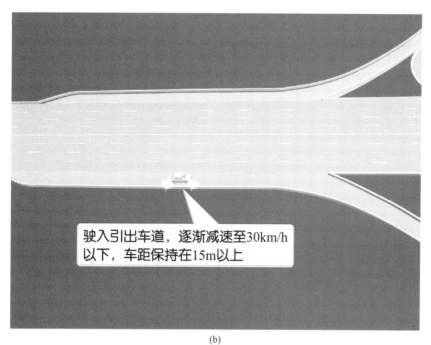

(b)

图 5–25

(c)

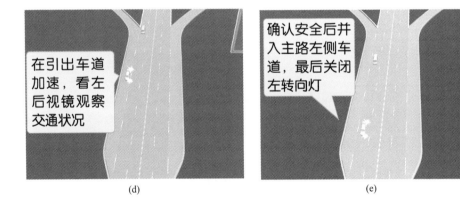

(d)　　　　　　　　　(e)

图5-25　驶出有引导车道匝道的方法

114

5.6.3 其他形式的立交桥通行方法

下面是另外两种立交桥的通行方法，与前面大同小异，可举一反三，如图 5-26 所示。

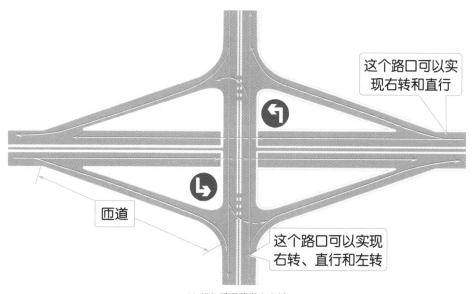

这个路口可以实现右转和直行

这个路口可以实现右转、直行和左转

匝道

(a) 部分互通菱形立交桥

匝道

这个路口可以实现直行和左转

这个路口可以实现直行和右转

匝道

匝道

这个路口可以实现右转和左转

(b) 喇叭形立交桥

图 5-26　其他形式的立交桥通行方法

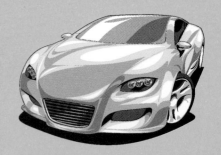

第6章

高速公路驾驶

高速公路驾驶

6.1 高速公路的特点

　　高速公路上都有交通信息牌，还有监控测速设备。高速公路交通标志大且完备。具体特点如图6-1所示。

(a)

(b)

(c)

(d)

(e)

(f)

(g)

(h)

图6-1 高速公路的特点

6.2 高速公路的行驶规定

高速公路上行驶速度快，车道规定明确。不同车道行驶速度规定如图6-2所示。

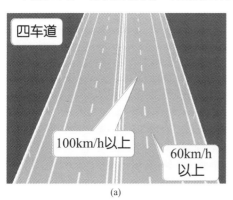

(a)

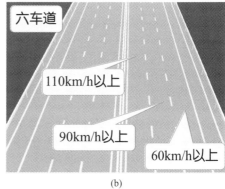

(b)

图6-2

117

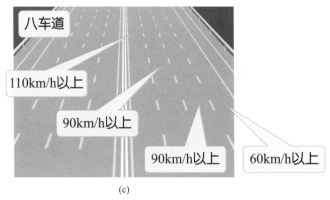

(c)

图6-2　高速公路不同车道行驶速度

6.3 上高速公路前的准备

❶ 检查机油、冷却液、制动液、助力液是否正常。

❷ 加满燃油。

❸ 检查轮胎有无裂纹，是否夹有异物；胎压是否正常，不正常则要按说明书上的要求给轮胎充气。

❹ 要带上灭火器、常用随车工具等。

❺ 有条件还可以带上医务包。

6.4 安全驶入高速公路

安全驶入高速公路的方法和步骤如图6-3所示。

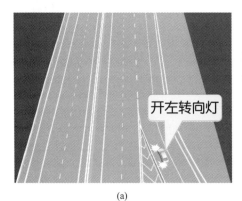

(a)

(b)

图6-3 安全驶入高速公路的方法和步骤

6.5 高速公路行车道行驶

在高速公路行驶时主要应注意图6-4所示的问题。

(a)

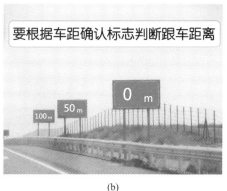

(b)

图6-4 高速公路行车道行驶

除图6-4所示情况外，在高速公路行驶进收费站时，要进绿灯亮的车道，因为红灯亮的车道没有工作，不能通行。

6.6 安全驶离高速公路

应按路边的驶出标志安全驶离高速公路，具体方法和步骤如图6-5所示。

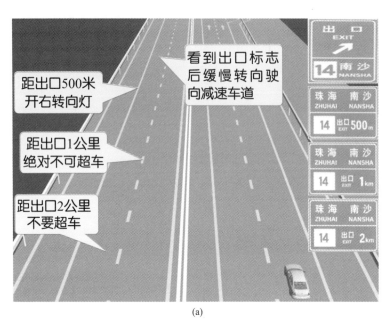

(a)

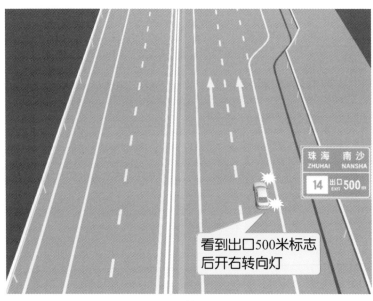

(b)

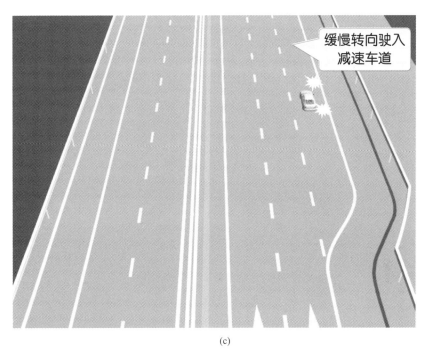

(c)

(d)

图6-5　安全驶离高速公路的方法和步骤

第7章

复杂道路驾驶

7.1 文明礼让通行

7.1.1 礼让行人

礼让行人的一般原则如下。

❶ 在市区内行驶时，要降低车速，注意观察，胆大心细，随时准备应付突然出现的行人等。

❷ 在市区内禁止鸣喇叭地段，应降低车速。在其他地段，可适当使用喇叭。

❸ 过积水路面时，要慢行，防止泥水溅到行人身上。

❹ 必须进入人行道时，要慢行，注意观察前方和后视镜。

遇到以下几类行人，避让时一定要有耐心，要慢行、适当鸣喇叭并做好随时停车的准备。遇小孩奔跑时，要立即减速或停车，等安全之后再前进。

❶ 老年人反应迟钝，行动缓慢，如图7-1所示。

❷ 儿童、中小学生对汽车的性能和交通法规知之甚少，走路、玩耍时可能会不顾周围的一切。

❸ 低头沉思、情绪异常的人也会忘记周围的一切。

❹ 残疾人行动不便。在残疾人中，聋哑人外表不易与常人区分，需要注意判断，如果按喇叭没有反应或是对周围的声音没有反应，这些人可能是聋哑人。

图7-1　礼让行人

⑤ 正常行人可能由于某种原因突然跑上公路或突然转向、逆行。

7.1.2　礼让非机动车

驾车行驶时，应注意礼让非机动车辆，如图7-2所示。尤其应注意以下情况。

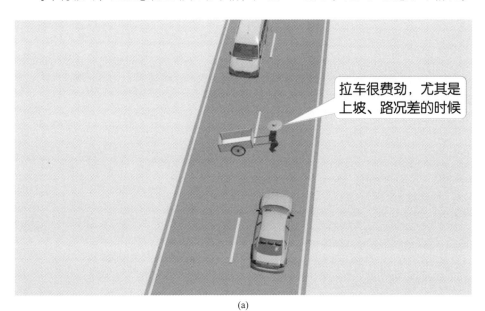

(a)

图7-2

123

超越时右侧离非机动车过近会很危险，要保持1米以上的安全间距

(b)

图7-2 礼让非机动车

① 与自行车或行人保持1米以上的安全间距。要防止剐、擦自行车所带物品。

② 要警惕骑车人突然从车头横越。

③ 不抢行，适当降低车速，随时做好停车准备。

④ 如发现骑车人摇晃，应进一步减速或停车，以防碰撞。

⑤ 要防止乘坐自行车的儿童突然跳车造成骑车人摔倒而导致碾压事故发生。

⑥ 超越自行车时，用喇叭示意后，如无其他情况，则保持一定间距缓慢超越。切忌冒险穿挤和鸣号催促让道。

⑦ 在狭窄道路上超越或与自行车并行时，要小心自行车突然摔倒，或被汽车凸起部分剐倒、挤倒，酿成严重车祸。

⑧ 遇畜力车、畜群时要提前做好准备，适当鸣喇叭，以防牲畜受惊而发生意外，要边仔细观察边慢慢超越。

7.1.3 经过停站的公共汽车

经过公交车站时，应注意如图7-3所示的情况。

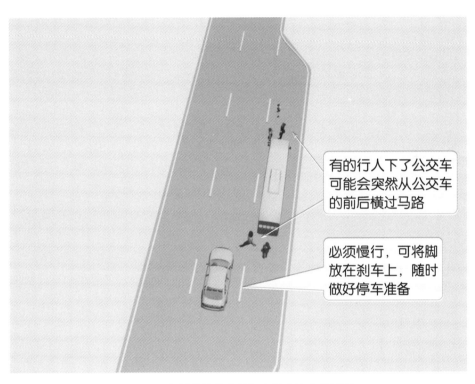

有的行人下了公交车可能会突然从公交车的前后横过马路

必须慢行，可将脚放在刹车上，随时做好停车准备

图7-3 经过停站的公共汽车时应注意的情况

7.1.4 礼让特种车辆

❶ 堵车时车速慢，走走停停，这时候也不能麻痹大意，尤其是转弯、换车道的时候，不要忘记观察右侧或是左侧。如果不观察，一旦有行人、非机动车、摩托车穿插抢行，很容易发生事故。

❷ 特种车辆执行任务时一般都会开警报器，必要时还会鸣喇叭。因此，一般机动车都要注意避让，具体方法如图7-4所示。

(a)

(b)

图7-4　避让特种车辆的方法

7.2 铁道路口通行

7.2.1 铁道路口通行方法

通过铁道路口要做到：一停二判三通过。

（1）一停

进入铁道路口遇红灯及栏杆放下时都要停车，如图7-5所示。

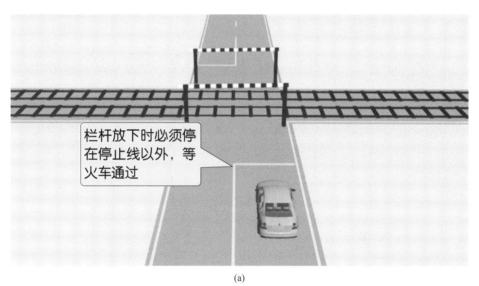

铁道路口通行

栏杆放下时必须停在停止线以外，等火车通过

(a)

红灯亮，必须停在停止线以外，即使栏杆没有降下，看不到有火车，也不可通过

(b)

图7-5　进入铁道路口停车

（2）二判

通过眼观耳听判断是否安全。要看清交通标志和信号灯。通过无人值守、无栏杆的铁道路口前，更要提高警惕。

（3）三通过

通过铁道路口的方法如图7-6所示。

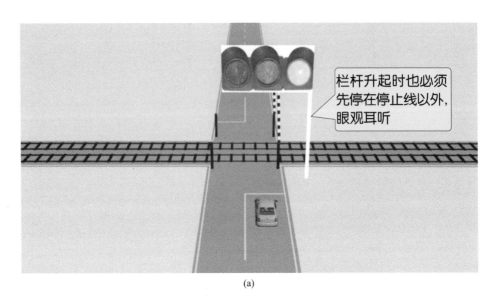

栏杆升起时也必须先停在停止线以外，眼观耳听

(a)

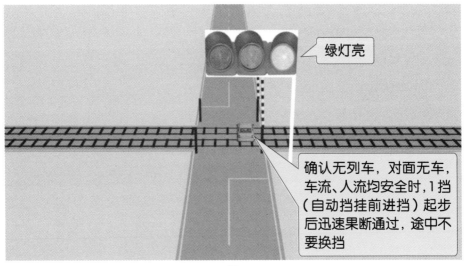

绿灯亮

确认无列车，对面无车，车流、人流均安全时，1挡（自动挡挂前进挡）起步后迅速果断通过，途中不要换挡

(b)

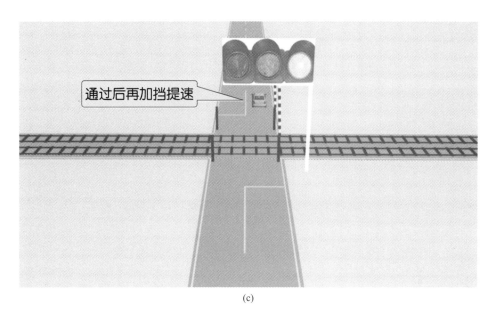

(c)

图7-6 通过铁道路口的方法

7.2.2 过铁道路口的注意事项

通过铁道路口时，应注意如图7-7所示的情况。

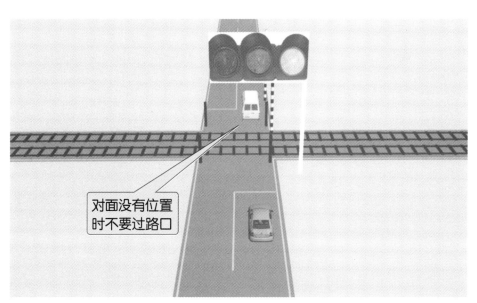

图7-7 通过铁道路口时需注意的情况

7.2.3 在铁道路口熄火的急救方法

如在铁道路口遇上熄火，可采取如图7-8所示的急救办法。

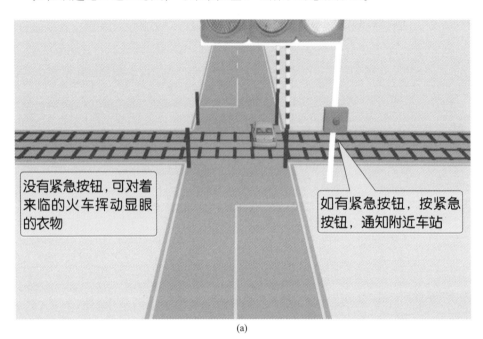

(a)

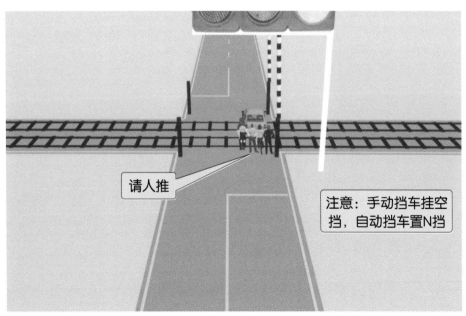

(b)

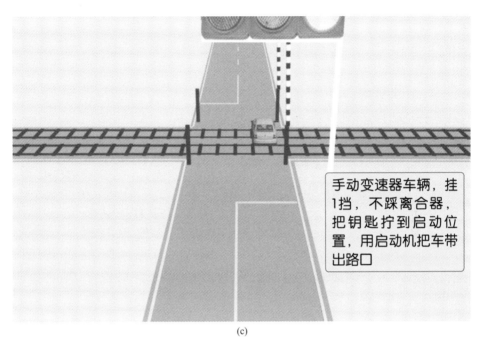

手动变速器车辆，挂1挡，不踩离合器，把钥匙拧到启动位置，用启动机把车带出路口

(c)

图7-8 在铁道路口熄火的急救方法

7.3 隧道通行

安全通过隧道的方法如图7-9所示。

提示

千万不可在隧道内超车，一定要按限速规定行驶。过隧道时高速行驶，是引发事故的主要原因。

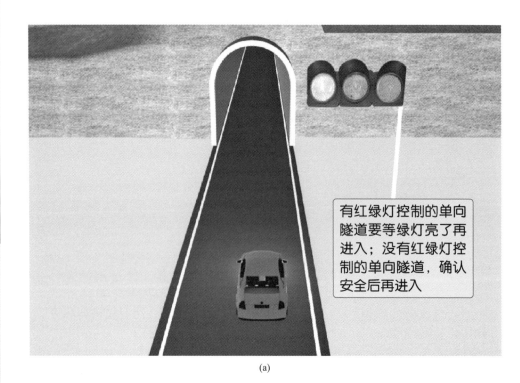

有红绿灯控制的单向隧道要等绿灯亮了再进入；没有红绿灯控制的单向隧道，确认安全后再进入

(a)

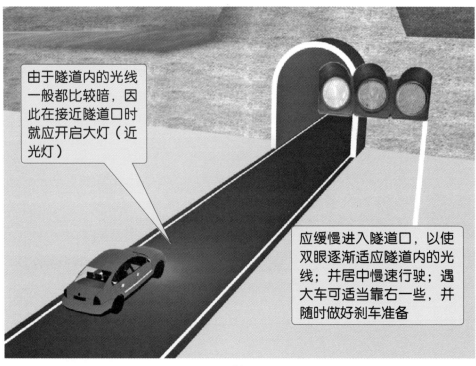

由于隧道内的光线一般都比较暗，因此在接近隧道口时就应开启大灯（近光灯）

应缓慢进入隧道口，以使双眼逐渐适应隧道内的光线；并居中慢速行驶；遇大车可适当靠右一些，并随时做好刹车准备

(b)

(c)

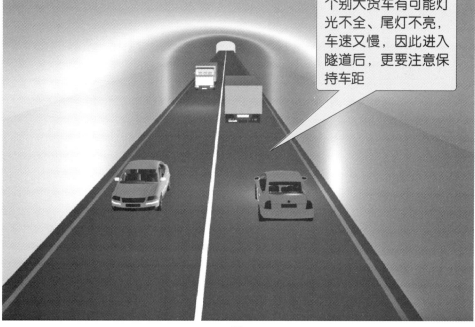

(d)

图7-9

第7章 复杂道路驾驶

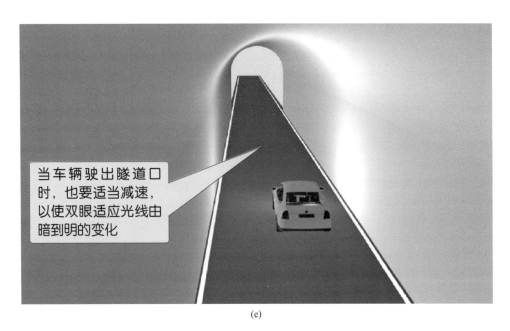

(e)

图7-9　安全通过隧道的方法

7.4 夜间驾驶

7.4.1 夜间行车的特点

夜间行车比白天更易发生危险，因此应特别谨慎，如图7-10所示。

(a)

灯光照射范围和亮度有限，驾驶员的视野狭窄、视距变短，人的视力变差，甚至出现错觉，所以很可能不能及时发现远处的行人等。夜间驾驶容易疲劳。因车辆少容易无意识开快车

此处有两个行人

(b)

图7-10　夜间行车的特点

7.4.2　正确熟练使用灯光

正确熟练使用灯光是夜间安全驾驶的基础。使用灯光的一般原则如下。

❶ 使用灯光的时间，一般以路灯的开、闭时间为标准。

❷ 夜间应用大灯近光起步。

❸ 起步后在照明良好的街道上应使用大灯近光。

❹ 在照明差或无路灯且车辆稀少的街道上，慢行时应使用大灯近光，快速行驶时应改用大灯远光。

❺ 夜间临时停车应关闭大灯，开启小灯、示廓灯和后位灯。

在如图7-11所示的情况下应当使用近光灯。

夜间会车相距150米时改用近光灯

(a)

窄桥

在窄桥处与非机动车会车时，应使用近光灯

在窄路上与非机动车会车时，应使用近光灯

(b)

图7-11

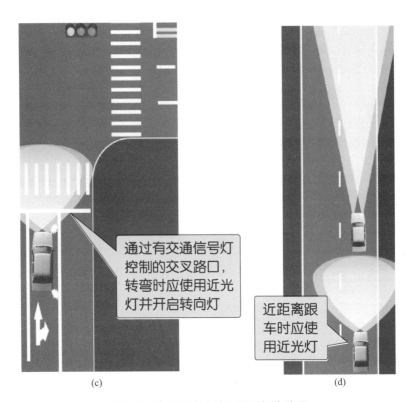

通过有交通信号灯控制的交叉路口，转弯时应使用近光灯并开启转向灯

近距离跟车时应使用近光灯

(c)　　　　　　　　　　　　(d)

图7-11　夜间行车应使用近光灯的情况

在如图7-12所示的情况下应当减速慢行，并交替使用远近光灯示意。此外必要时在非禁止鸣喇叭地段可鸣喇叭示意，如驶近急弯、坡道顶端时可鸣喇叭示意。

通过急弯

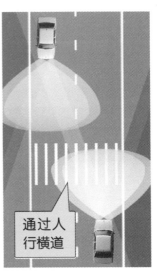

通过人行横道

(a)　　　　　　　　　　　　(b)

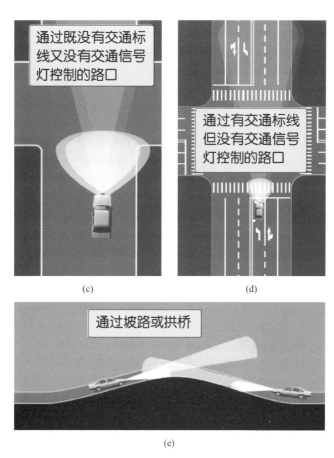

图7-12　夜间行车应交替使用远近光灯的情况

7.4.3　对道路和地形的判断

可根据车速和发动机的声音判断地形。当车速自动减慢、发动机声音变沉闷时，说明行驶阻力增大，正在上坡或驶进松软路面；当车速自动加快、发动机声音变高时，说明行驶阻力减小，已进入正常路面或汽车已经下坡。

利用灯光的变化可直观地判断地形。

下面是通过一段连续转弯坡路时灯光的变化情况。如图7-13所示。

(a)

(b)

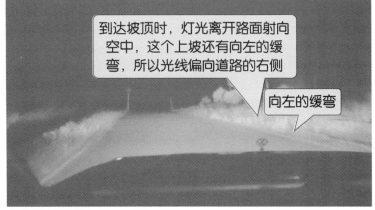

(c)

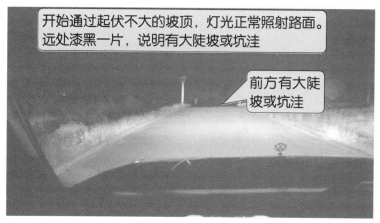

(d)

(e)

(f)

图7-13

(g)

(h)

(i)

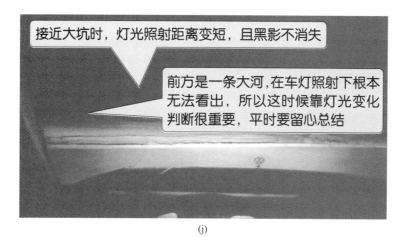

(j)

(k)

图7-13 夜间通过连续转弯坡路时的灯光变化

7.4.4 夜间行车注意事项

夜间行驶时，速度、灯光、障碍、行人等都是需要注意的问题，如图7-14所示。

(a)

图7-14

(b)

(c)

(d)

(e)

(f)

(g)

图7-14

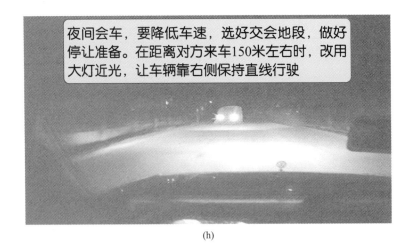

(h)

(i)

图7-14　夜间行车应注意的问题

夜间变更车道、转弯时，贴了车膜的车更不容易看清左右两侧的情况，所以要比白天慢，要更加仔细才行。

此外在窄桥、窄路与非机动车会车，近距离跟车，通过有交通信号灯控制的交叉路口，转弯时，都应使用近光灯，转弯还应开启转向灯。

通过急弯、坡路或拱桥、人行横道、没有交通标线和交通信号灯控制的路口、有交通标线但没有交通信号灯控制的路口，要交替变换远近光灯示意。

7.5 山区道路驾驶

山区道路坡多、弯多、拐弯处山体形成的盲区多，气候变化无常。除按一般的坡道驾驶要领驾驶外，还应注意：拐弯前减速、鸣喇叭、靠右行驶，充分准备好随车工具，防雨、防寒、防滑物品等。

慢行是安全驾驶的根本。山路行车时，必须根据道路弯曲的程度选择合适的速度。如图7-15所示。

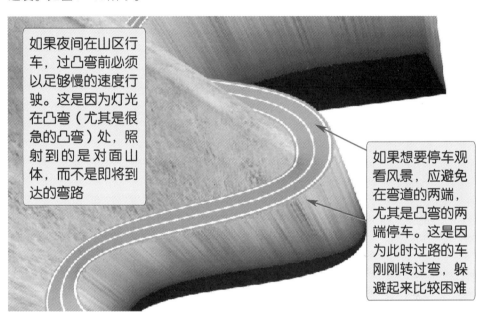

如果夜间在山区行车，过凸弯前必须以足够慢的速度行驶。这是因为灯光在凸弯（尤其是很急的凸弯）处，照射到的是对面山体，而不是即将到达的弯路

如果想要停车观看风景，应避免在弯道的两端，尤其是凸弯的两端停车。这是因为此时过路的车刚刚转过弯，躲避起来比较困难

图7-15 山区道路驾驶要领

7.5.1 进入山区道路的准备

❶ 山区道路较为复杂，有可能"前不着村后不着店"，所以首先要全面检查车况，发现问题及时修复。

❷ 带上随车工具，防寒、防雨、防滑用具等。

❸ 对沿途路况、饮食、住宿、加油站等所在的位置要做到心中有数，对路途费用也要有一个大概的预算，这样可以最大限度地节省时间和燃油。

❹ 前方弯道可能正在施工、被冲坏、有成堆的落石堵路，可向当地人了解情况，以免走冤枉路。

❺ 直路时可选择道路偏中间或靠山的一面行驶，转弯时应牢记"减速、鸣笛、靠右行"，随时注意对面来车和路况。

7.5.2 手动挡汽车山区道路驾驶

考虑到手动挡汽车山路驾驶难度较大，故此处以手动挡汽车为例，介绍山区道路上下坡驾驶技巧。

（1）上坡技巧

遇到上坡应及时正确判断坡道情况，根据车辆爬坡能力提前换中速挡或低速挡。要保持足够的动力，切不可等动力不足，惯性行驶时间不足以保证换挡时间时再换挡，以防熄火或后溜。万一换挡失败造成熄火后溜，不要慌，应立即使用脚刹和手刹将车停住。请牢记熄火后千万不要踩离合器踏板，以免后溜。如果仍然停不住车，应将车尾转向靠山一侧，让车尾抵在山体等天然障碍上使车停下。如图7-16所示。

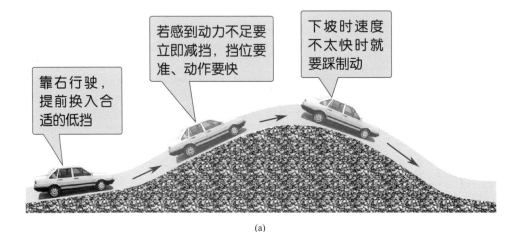

(a)

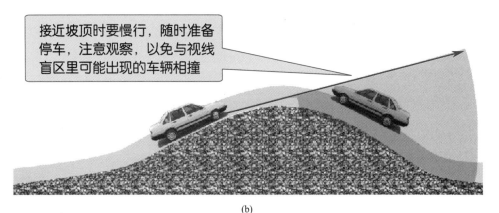

(b)

图7-16 手动挡汽车山路上坡技巧

（2）下坡技巧

下坡时要挂和坡度相适合的低速挡，利用发动机的牵引阻力和脚制动控制车速，切忌空挡滑行。不能长时间使用刹车，以免高温引起刹车性能下降甚至失灵。如图7-17所示。

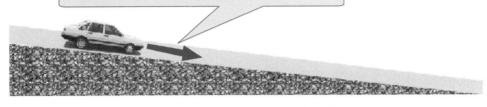

> 下坡不能熄火或空挡滑行。下长坡以挂低速挡不加油控制车速为主、行车制动为辅，不要频繁、连续使用行车制动，以免失灵

图7-17　手动挡汽车山路下坡技巧

7.6 涉水驾驶

汽车涉水前，要仔细探明水的深度、流速和水底情况，并根据车辆的性能，确定能否通过。选择水浅、底硬、两岸坡缓、水流稳定、距离短的地方涉水。当水深接近汽车最大涉水深度时，应采取措施防止电器设备短路、排气口进水等。当水深超过最大涉水深度时，不得冒险涉水。涉水时应用低速挡使车辆平稳地驶入水中，眼睛要看远处的固定参照物，避免中途换挡、停车和猛打方向盘。若车轮打滑空转，应立即停车，不要勉强进退，更不可加速猛冲，以免越陷越深，也不要熄火，应立即求援。市内涉水要认真观察判断，尽量避免压井盖及其附近台阶或路沿。涉水后应踩几次制动以蒸发水分，以便恢复正常制动性能。

第**8**章

恶劣天气驾驶

在恶劣条件下驾驶除了控制好车速外，要更加仔细观察交通流并由此预知下一时刻交通流的状态，从而从容不迫地进行下一步操作。

8.1 雨天驾驶

行驶前必须检查雨刮器是否能正常工作，雨刮器不能正常工作时，雨水覆盖在前挡风玻璃上将导致无法看清道路交通状况，很危险。应在雨刮器修好之后再上路。如图8-1所示。

图8-1　雨天驾驶需注意的问题

雨天比平常行车速度要慢，积水越厚速度应越慢，要平缓打方向、平缓使用制动，以发动机控制车速为主，并要适时减挡，不要猛加、猛松油门。雨天要适当增大跟车距离。

雨天行人和非机动车驾驶者因使用雨具视线受阻，因此驾驶员要更加仔细地观察他们的动向。

连续阴雨天要注意观察路面，以防陷车、坍塌，不要在可能陷车、坍塌的地方行驶、停车。

刚下雨路面有薄积水时，高速行驶会因形成水膜，导致侧滑。发生侧滑时的处理方法：

❶ 松油门，轻点踩制动。

❷ 如果是前轮侧滑，应逆着侧滑的一侧纠正方向；如果是后轮侧滑，应顺着侧滑的一侧纠正方向。

❸ 转向时动作要敏捷柔和。

雨天行车需要关闭车窗，内外温差使前挡风玻璃很容易产生雾气，此时应打开冷气吹向前挡风玻璃；后挡风玻璃出现雾气时，需打开后挡风玻璃加热器，尽快消除雾气。

8.2　雾天驾驶

雾天驾驶应注意以下几点：

❶ 打开前防雾灯、尾灯、示宽灯和近光灯。

❷ 必须降低车速，能见度越低车速应越低。

❸ 在非禁止鸣喇叭路段，可适当鸣喇叭，并注意鸣短促喇叭回应其他车辆。

❹ 能见度不足 50 米时同时开启后防雾灯。

❺ 尤其要注意的是雾天不要以前车尾灯作为判断车距的依据。遇特大雾时必须找安全的地方停车。

8.3　炎热天气驾驶

炎热天气驾驶，要防止中暑，准备好饮用水和防暑物品，必要时使用空调。还要防止发动机温度过高。此外，还应注意：

❶ 检查冷却液，不足时补充。

❷ 在驾驶中随时注意水温表的指示读数，不要超过95℃。风扇皮带断裂、脱落，电子风扇停止工作，机油严重不足等都是造成发动机温度过高的原因。发动机温度过高时，千万不要向发动机缸体、缸盖上浇凉水降温，以免炸裂，酿成无法修复的恶果。

小知识

若遇开锅不要立即熄火。应保持怠速运转，不要立即开盖加冷却液，应全部打开百叶窗，耐心等待冷却液停止沸腾。冷却液停止沸腾后再用湿毛巾作垫手，先把散热器加液盖拧开一挡，放出蒸气，脸部要避开加液口上方，防止高温冷却液喷出烫伤脸部，稍等片刻再全部打开加液。散热器内几乎无冷却液时必须等机体温度降到手能够长时间触摸时再加冷却液，以免因热胀冷缩不均匀而产生炸裂。

❸ 防止轮胎气压过高，以免爆胎。

若发现胎温、胎压过高时，不可采取放气和泼冷水的方式，应选择阴凉处停车，使轮胎温度、压力自然下降；如遇涉水时，应待胎温适当降低后再涉水，以防轮胎早期损坏。

❹ 黄昏及夜间应注意路边、路中有乘凉散步的行人。

8.4 严寒天气驾驶

严寒天气驾驶车辆应注意以下问题。

❶ 严寒地区驾驶要注意防冻，最好停到车库里，有暖气更好，第二天不愁启动不了。

❷ 一定要使用冬季机油。在严寒地区的冬季，四季机油将造成汽车无法启动。有预热装置的车辆，可预热到启动温度时再启动。

❸ 启动后可立即以怠速或小油门低转速起步，然后换二挡小油门行驶，不要原地热车，这样可以使发动机、变速箱、传动部分都得到"预热"。待发动机温度升高到40℃左右时，再以正常转速行驶。可按说明书的要求操作。

除以上几点外，在冰雪路面上驾驶时，可采取以下技巧。

（1）冰雪路驾驶四大要领

❶ 保持低速行驶，保证足够的安全距离。

❷ 匀速缓慢打方向。

❸ 匀速缓踏、缓松油门。

❹ 匀速轻踩、慢松制动踏板，即使有ABS的车辆也不要猛踩刹车，尤其是转弯时。如图8-2（a）所示，在压实的雪路上沿直线高速行驶时猛踩制动踏板尽管不会发生大的侧滑，但是车辆仍会发生左右摆动现象。如图8-2（b）所示，在溜滑的冰路上，ABS、防侧滑系统几乎没有什么作用，猛踩制动踏板照样会导致侧滑、驶出路面现象。必须低速转弯，ABS、防侧滑系统应付不了溜滑的弯路。

压实的雪路。路面十分光滑，要慢行

结有溜滑薄冰的路面，几乎是透明的，不细看是看不出有冰的，看到的只是柏油。这时候可适度踩刹车试验，如果感到侧滑或ABS工作，说明有溜滑的薄冰。此时必须慢行

(a)　　　　　　　　　　　　(b)

图8-2　冰雪路驾驶要领

（2）冰雪路驾驶注意事项

❶ 在冰雪路上，要选择路面宽、积雪少的地段会车。尽量避免在狭窄路段会车。尽量不超车。

❷ 停车时，缓慢轻踩制动踏板，防止甩尾。

❸ 加大跟车距离。跟车距离要比正常路面加大3倍以上，坡道要更长一些，对于短坡应等前车爬过坡顶再爬坡，即使有ABS的车辆也应如此。

❹ 在冰雪路上长时间停车，如果轮胎冻结于地面，要先用铁锹、十字镐挖开轮胎周围冻结的冰雪和泥土后再起步。

❺ 雪地行驶建议使用灰色眼镜以免发生雪盲。

❻ 必要时装上防滑链、防滑罩。

❼ 冰雪天还要特别注意：行人、非机动车驾驶者因穿戴的影响，对交通状况

的判断力下降；行人、自行车还可能突然滑倒，因此更要仔细观察，保持足够的纵向、横向安全距离。

❽ 其他注意事项如图8-3所示。

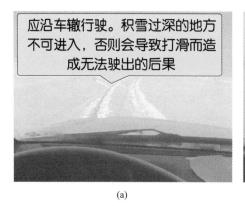

应沿车辙行驶。积雪过深的地方不可进入，否则会导致打滑而造成无法驶出的后果

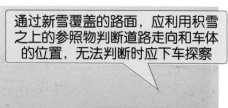

通过新雪覆盖的路面，应利用积雪之上的参照物判断道路走向和车体的位置，无法判断时应下车探察

(a)   (b)

坡路：下坡时不可猛冲猛闯，以免撞上雪下的坚硬物体。为了防止上坡时打滑，下坡速度可适当快些，到坡底时加油，可以靠惯性顺利冲上去，速度慢中途可能发生打滑现象

(c)

图8-3　积雪路段驾驶注意事项

8.5 大风天驾驶

　　大风会使车辆行驶方向难以控制，甚至将车辆吹离正常行驶路线或吹翻，大风吹起的硬物还可能击碎车窗。因此除慢速行驶外，还应紧握方向盘，控制好行驶方向，风过大时应停车躲避。

第**9**章

不同场地安全停车

虽然可借助倒车可视系统倒车，但是如果倒车方法不正确，同样无法倒入，因为车的转弯半径是固定的。因此，掌握一定的停车技巧是必不可少的。

9.1 垂直停车场停车

垂直停车场
停车

9.1.1 成功入位的规律和基本技巧

因为两后轮的转弯半径是固定的，所以入位前首先要选择合适的起始位置，起始位置不合适将导致无法入位。

> 说明：以下参考点的位置都是针对标准车位选取的，其他宽度的车位，参考点的位置略有差别。

下面以右倒入位为例说明，左倒入位类似。

❶ 成功倒车入位的规律和基本技巧如图9–1所示。

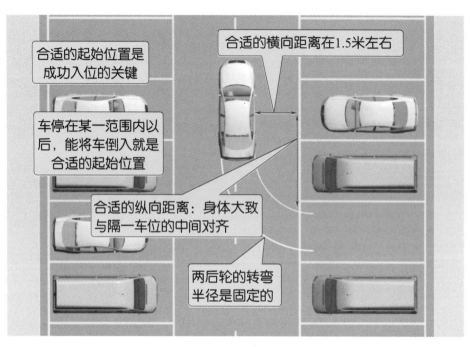

图9-1　成功倒车入位的规律和基本技巧

❷ 在车内观察确定横向、纵向距离的方法如图9-2所示。

(a)

确定纵向位置的方法

确定纵向起始位置时请看右前窗

前进到身体与隔一车位约1/2处对齐时停车

(b)

图9-2 车内观察确定横向、纵向距离的方法

❸ 试验法确定横向、纵向距离的方法如图9-3所示。

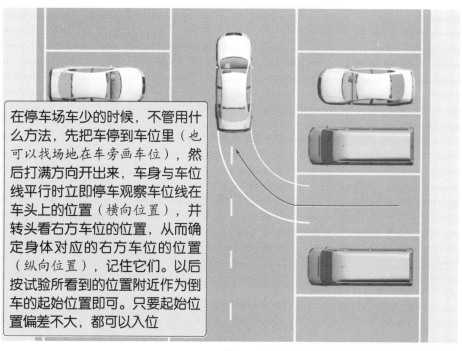

在停车场车少的时候，不管用什么方法，先把车停到车位里（也可以找场地在车旁画车位），然后打满方向开出来，车身与车位线平行时立即停车观察车位线在车头上的位置（横向位置），并转头看右方车位的位置，从而确定身体对应的右方车位的位置（纵向位置），记住它们。以后按试验所看到的位置附近作为倒车的起始位置即可。只要起始位置偏差不大，都可以入位

(a)

图9-3

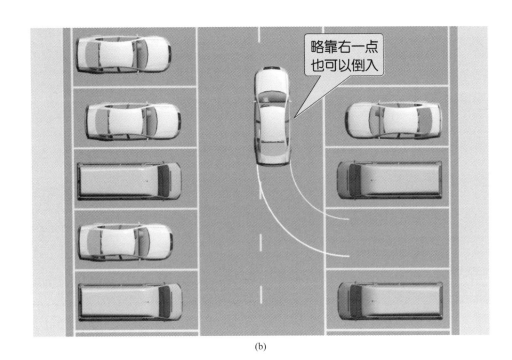

(b)

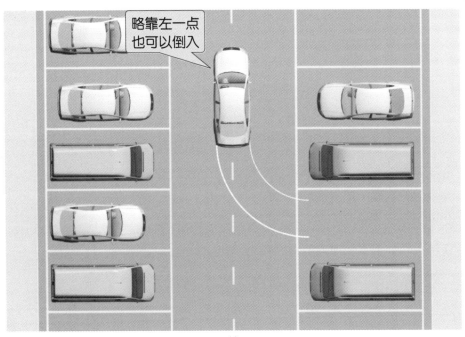

(c)

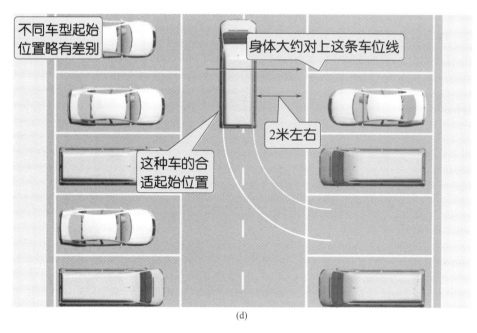

不同车型起始位置略有差别

身体大约对上这条车位线

2米左右

这种车的合适起始位置

(d)

图9-3　试验法确定横向、纵向距离的方法

9.1.2　基本右倒停车入位及出位方法

右倒停车入位的操作步骤与技巧如图9-4所示。

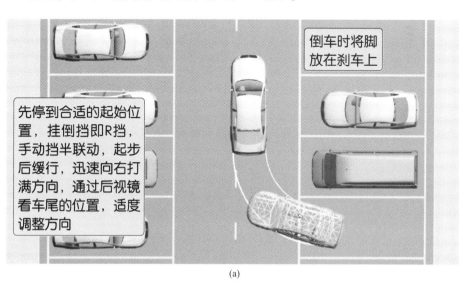

倒车时将脚放在刹车上

先停到合适的起始位置，挂倒挡即R挡，手动挡半联动，起步后缓行，迅速向右打满方向，通过后视镜看车尾的位置，适度调整方向

(a)

图9-4

157

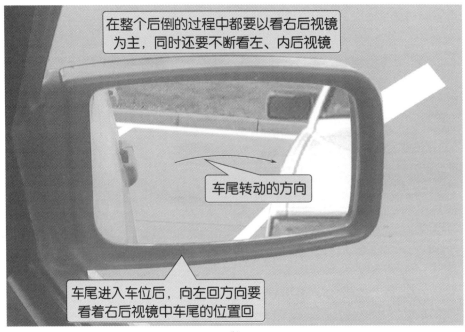

(b)

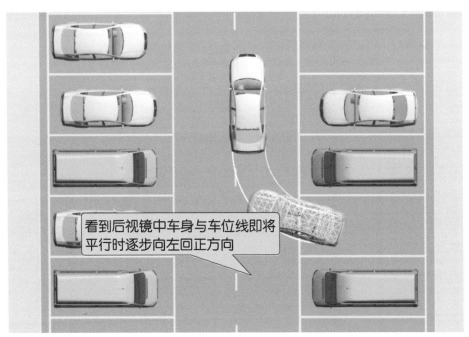

(c)

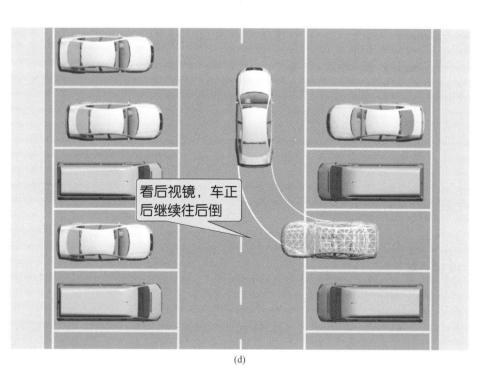

(d)

(e)

图9-4

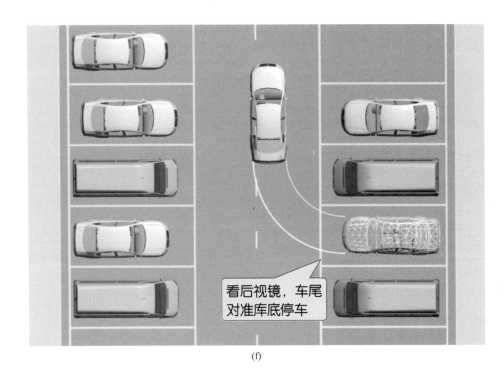

(f)

(g)

图9-4　右倒停车入位操作步骤与技巧

　　起始位置不合适是导致无法入位的原因。图9-5给出了入位失败的几种情况，可供参考。

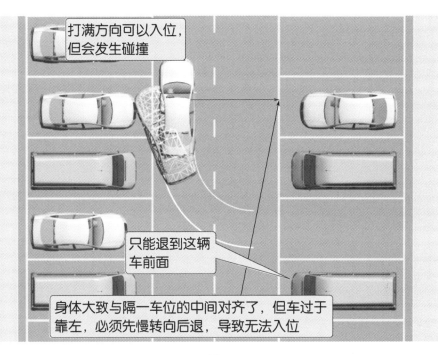

(a)

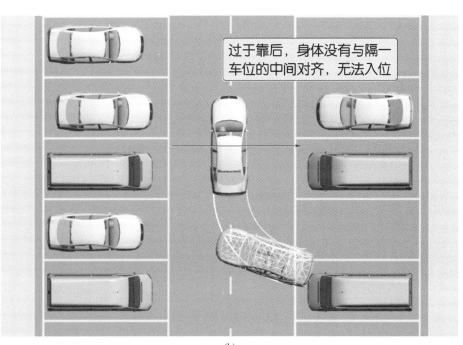

(b)

图 9-5

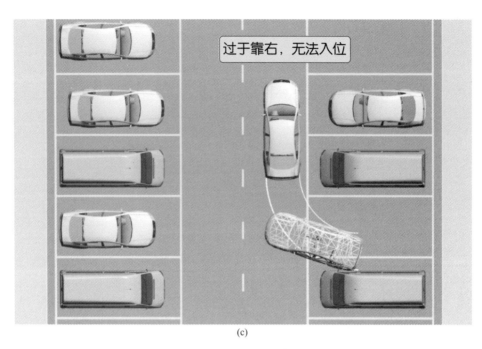

(c)

图9-5 起始位置不合适导致入位失败

驶出车位的方法和注意事项如图9-6所示。

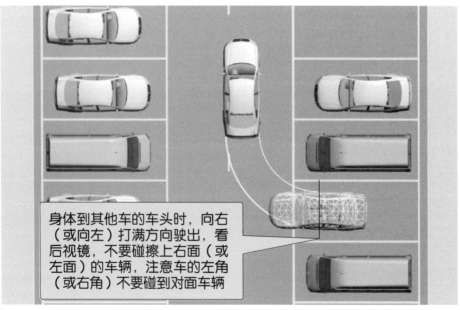

身体到其他车的车头时，向右（或向左）打满方向驶出，看后视镜，不要碰擦上右面（或左面）的车辆，注意车的左角（或右角）不要碰到对面车辆

(a)

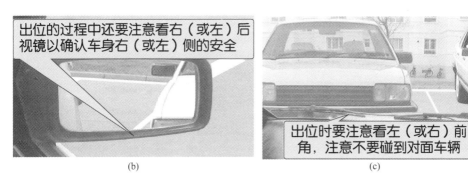

(c)

图 9-6　驶出车位方法与要领

9.1.3 其他倒车入位及出位方法

除了上面介绍的最基本的右倒入位方法外，还可以结合自身驾驶习惯，选择适合自己的停车方法。图9-7给出了另一种停车入位方法，供参考。

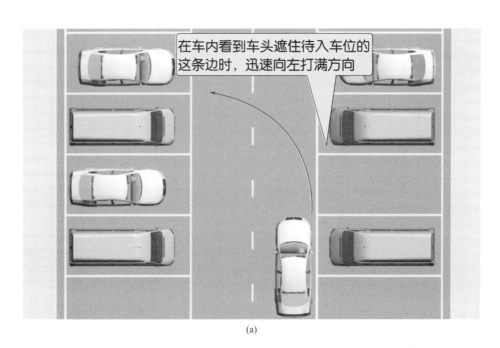

(a)

图 9-7

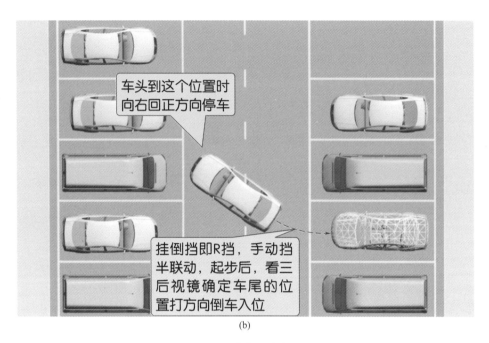

(b)

图9-7 停车入位方法

车头向里停车入位的方法和要领如图9-8所示。

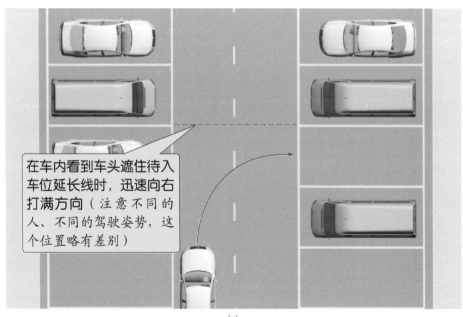

(a)

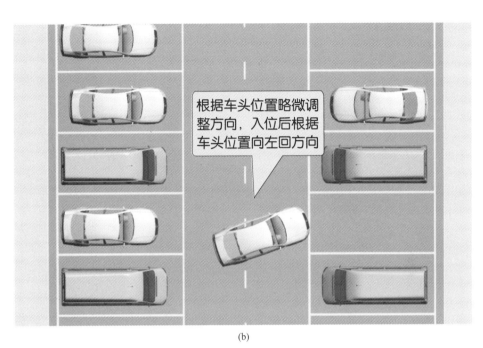

(b)

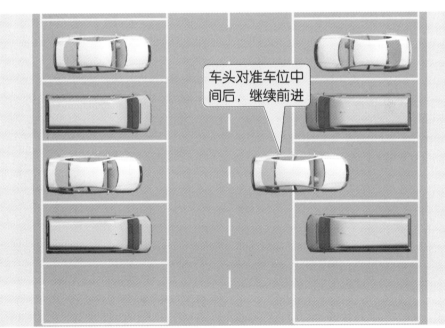

(c)

图9-8

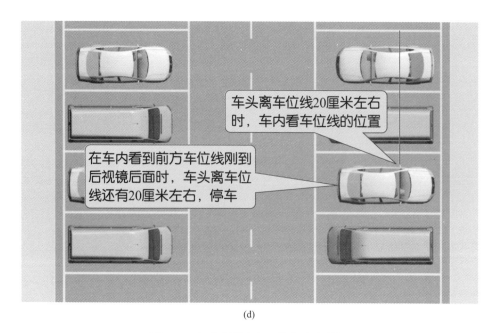

(d)

图9-8　车头向里停车入位方法和要领

车头向里停车入位后，如果要倒车出位，可按图9-9所示的方法和要领进行操作。

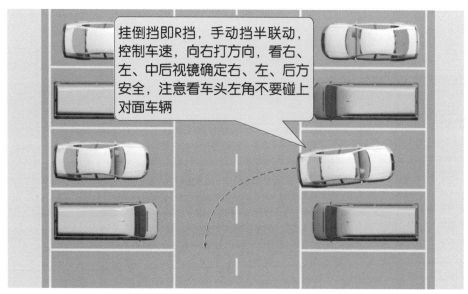

(a)

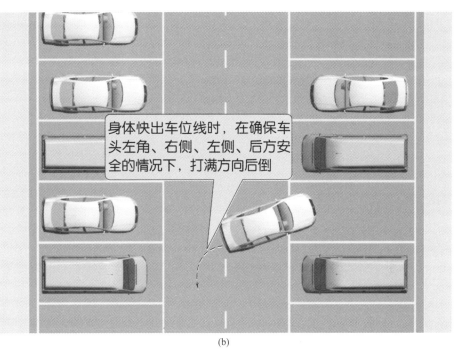

(b)

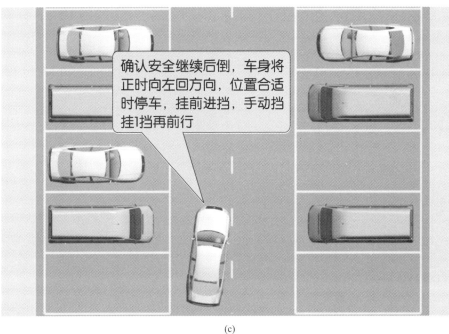

(c)

图9-9　车头向里入位时倒车出位方法和要领

配动画演示视频

9.2 斜线停车场停车

9.2.1 基本停车入位方法

斜线停车场停车入位的基本方法和操作要领如图9-10所示。

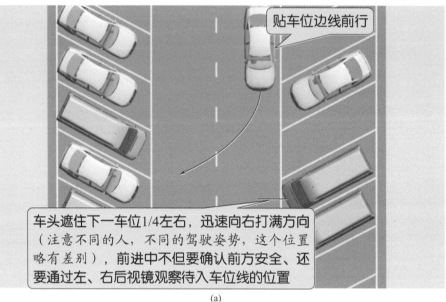

贴车位边线前行

车头遮住下一车位1/4左右，迅速向右打满方向（注意不同的人，不同的驾驶姿势，这个位置略有差别），前进中不但要确认前方安全、还要通过左、右后视镜观察待入车位线的位置

(a)

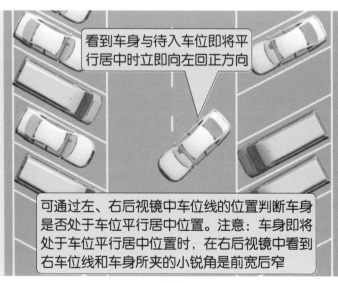

看到车身与待入车位即将平行居中时立即向左回正方向

可通过左、右后视镜中车位线的位置判断车身是否处于车位平行居中位置。注意：车身即将处于车位平行居中位置时，在右后视镜中看到右车位线和车身所夹的小锐角是前宽后窄

(b)

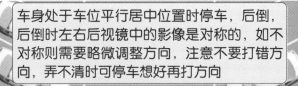

车身处于车位平行居中位置时停车，后倒，后倒时左右后视镜中的影像是对称的，如不对称则需要略微调整方向，注意不要打错方向，弄不清时可停车想好再打方向

要注意观察左右两侧的安全

车身处于车位平行居中位置时，在右后视镜中看到右车位线和车身所夹的锐角是前宽后窄，且角度很小，左后视镜中看到的也是这样，且与右后视镜中的对称

(c)

沿直线后倒时要看着左、右后视镜修正方向，左右后视镜中的影像是对称的

(d)

图9-10

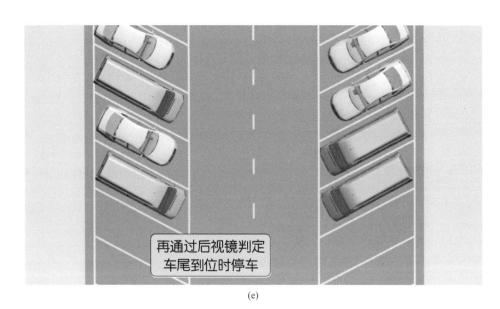

再通过后视镜判定
车尾到位时停车

(e)

图9-10　斜线停车场停车入位基本方法和要领

9.2.2　仿垂直停车入位方法

除上述基本方法外，对于斜线停车场停车，也可以采用仿垂直停车入位方法。操作步骤和要领如图9-11所示。

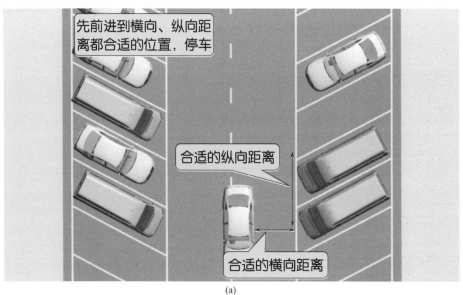

先前进到横向、纵向距
离都合适的位置，停车

合适的纵向距离

合适的横向距离

(a)

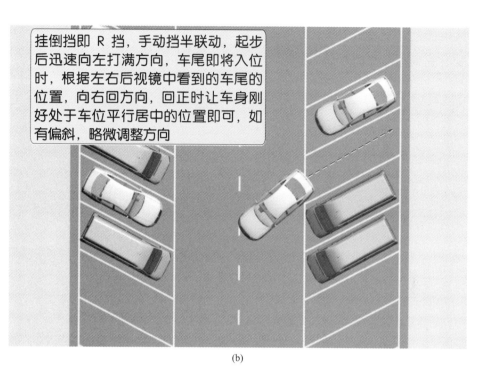

挂倒挡即 R 挡，手动挡半联动，起步后迅速向左打满方向，车尾即将入位时，根据左右后视镜中看到的车尾的位置，向右回方向，回正时让车身刚好处于车位平行居中的位置即可，如有偏斜，略微调整方向

(b)

沿直线后倒时要看着左、右后视镜修正方向，要少打少回，车尾到位时停车

(c)

图9-11 仿垂直停车入位方法和要领

配
动
画
演
示
视
频

9.3 纵向停车场停车

纵向停车场的停车入位方法和要领及操作步骤如图9-12所示。

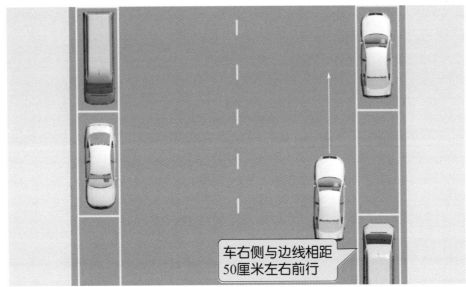

车右侧与边线相距50厘米左右前行

(a)

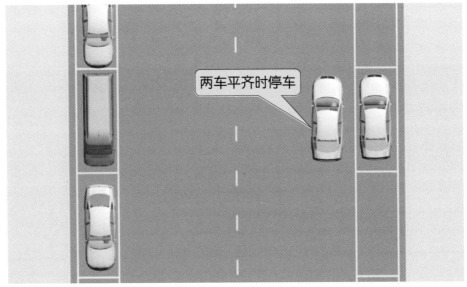

两车平齐时停车

(b)

挂倒挡即R挡，手动挡半联动，起步后，看右后视镜中右车的车尾位置后退，后轮到垂直车位线时，向右打满方向，绕右车车尾后倒，并相距50厘米以上距离。如右方无车，可看车位线后倒

垂直车位线

(c)

在左后视镜中看到待入车位右后角时回正方向，沿直线后退

右后角

(d)

图9-12

(e)

(f)

(g)

(h)

图9-12

停车后在左后视镜里看到的后车的影像

(i)

图9-12　纵向停车场停车入位方法和要领

9.4 路边临时停车

9.4.1 临时停车的基本规则

❶ 在设有禁停标志、标线的路段，在机动车道与非机动车道、人行道之间设有隔离设施的路段以及人行横道、施工地段，不得停车。

❷ 交叉路口、铁道路口、急弯路、宽度不足4米的窄路、桥梁、陡坡、隧道以及距离上述地点50米以内的路段，不得停车。

❸ 公共汽车站、急救站、加油站、消防栓或者消防站门前以及距离上述地点30米以内的路段，除使用上述设施的以外，不得停车。

❹ 车辆停稳前不得开车门和上下人员，开关车门不得妨碍其他车辆和行人通行。

❺ 路边停车应当紧靠道路右侧，机动车驾驶员不得离车，上下人员或者装卸物品后，应立即驶离。

❻ 雨、大雪、夜间临时停车应当开启危险报警闪光灯、示廓灯和后位灯，雾天还应当开启雾灯。一般的雨、雪天临时停车只开启危险报警闪光灯即可。

此外，不要在图9-13所示的地点临时停车，在这些位置停车不仅违反交通法规的规定，而且妨碍他人的通行，也很危险。

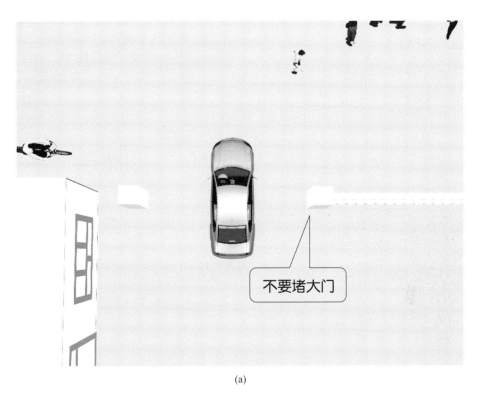

(a)

(b)

图 9-13

177

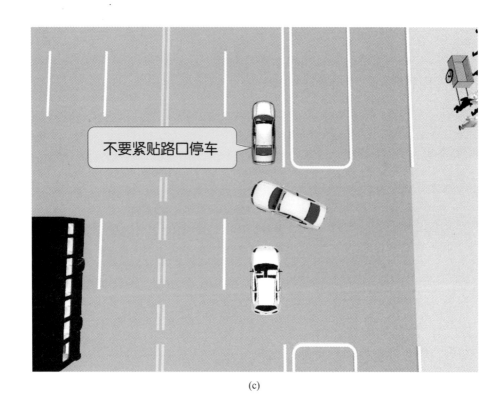

(c)

(d)

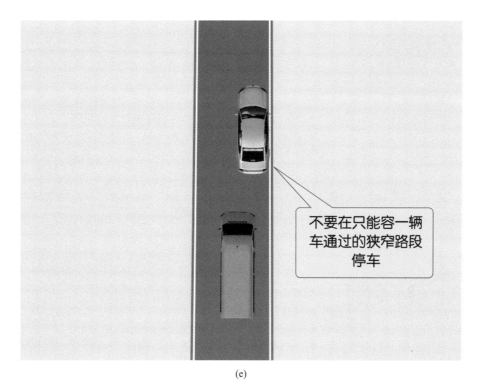

(e)

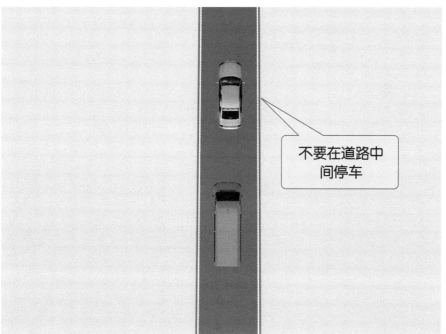

(f)

图 9-13

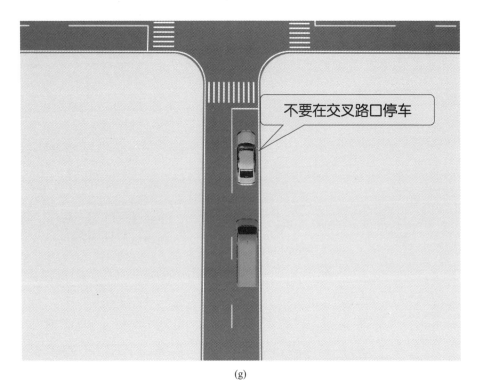

(g)

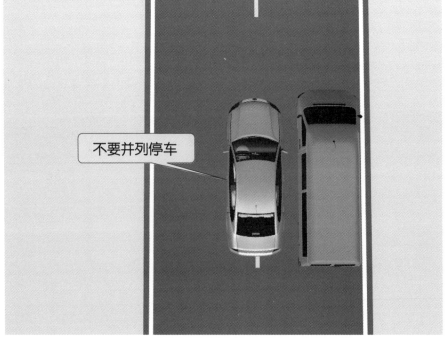

(h)

窄路停车应尽量靠边且不要斜着停

(i)

图9-13 禁止临时停车的地点

9.4.2 路边临时停车注意事项

❶ 要通过右后视镜直接目视右侧右后视镜的盲区，防止碰擦右侧行人、非机动车、摩托车、路边设施，以及车右侧前、后角和车身，还要防止车轮触轧路沿。

❷ 起步时，要通过左后视镜直接目视左后视镜的盲区，防止碰擦左侧车辆、非机动车、摩托车等，看准时机，要果断起步插入车流。起步时不能猛拐并线，要逐渐并入，也不能只顾看左面的情况而忽视其他情况，应以观察左面为主反复扫视前方的情况，并适当顾及右方和右后方的情况。

9.5 不同车型停车方法对比

无论什么车型，由于斜线停车场和纵向停车场停车基本没有差别，因而这里只介绍差别比较大的垂直停车场停车。

9.5.1 小轿车和SUV

现实中经常会遇到这样的问题，一般的车位小轿车可以很轻松地停进去，而换成SUV或者很多7座以上的车辆却停不进去了。下面来讲讲其中的奥妙。

不管什么车，停车入位的原理都是一样的，而停车入位的起始位置是由内后轮的转弯半径决定的，所以如果内后轮的转弯半径不同，起始位置就不一样。而起始位置不合适则很难一把倒车入位。如图9-14所示为小轿车倒车入位的方法。

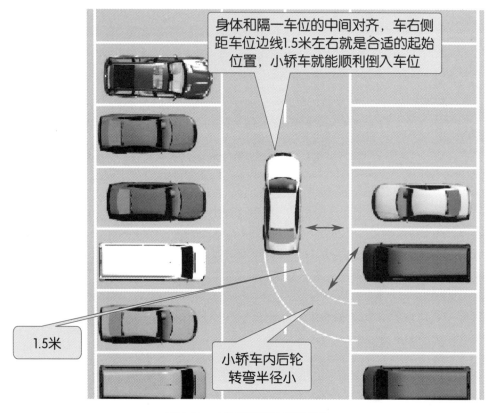

图9-14 小轿车倒车入位的方法

SUV或者7座以上的车辆内后轮的转弯半径都比小轿车大许多，因而停车起始位置不同于小轿车。如图9-15所示为SUV倒车入位的方法。

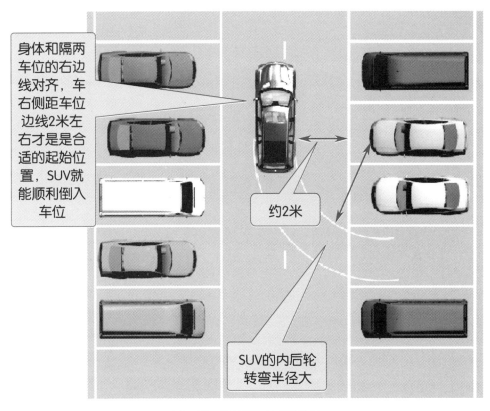

身体和隔两车位的右边线对齐，车右侧距车位边线2米左右才是是合适的起始位置，SUV就能顺利倒入车位

约2米

SUV的内后轮转弯半径大

图9-15　SUV倒车入位的方法

可以看到，如果按小轿车的起始位置后倒，SUV是无法倒入空位的，只能倒到空位之后。

确定SUV或者7座以上车的起始位置可以通过实验方法获得。找个驾驶高手倒进去或者自己多倒几把倒进去，然后开出来，等身体过了车位横线便打死方向，车身和车位线即将平行时回正方向，这时候会发现你的身体刚好对准了隔两车位的右边线，车身右侧距车位横线2米左右，这就是倒车的合适起始位置。其他转弯半径更大的车也都可以通过这种方法试验得出。

提示

倒车入库的时候要不断反复扫视左、右后视镜，并兼顾看内后视镜（防止撞上后方障碍物）。如果有倒车雷达或可视系统（也有盲区，尤其是车尾的两后角），也要配合看左、右后视镜。

9.5.2　三厢车和两厢车

　　三厢小轿车和两厢小轿车停车入位的原理、起始位置都一样，因而倒车入位没有什么区别，唯一不同的是三厢车后备厢长出来一截，后倒入位和出位时必须更谨慎一些。如图9-16所示。

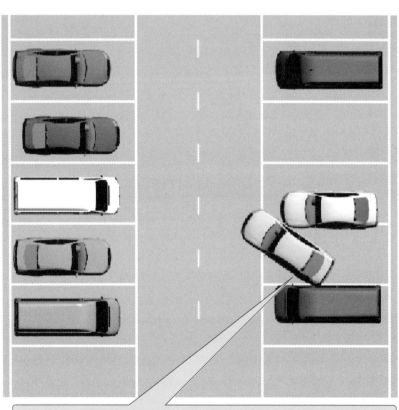

不管是入位还是出位，由于三厢车长了一截，两厢车不碰擦，三厢车却有可能碰擦。因此，入位或者出位的时候，要通过后视镜不断观察车尾两角的位置，尤其是出位时打方向过早容易造成碰擦，要等身体到了车位横线，再打满方向

(a)

两厢车车尾短，出位时身体到了旁边车头的位置就可以打满方向了，不会发生碰擦。打方向的时候要注意不断观察后视镜

(b)

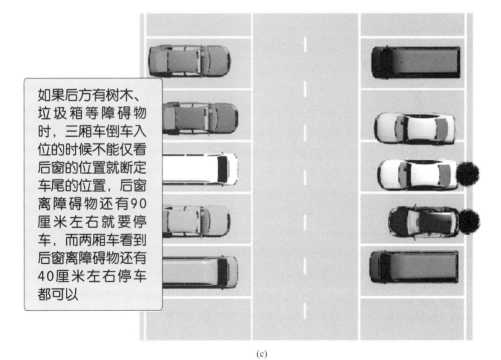

如果后方有树木、垃圾箱等障碍物时，三厢车倒车入位的时候不能仅看后窗的位置就断定车尾的位置，后窗离障碍物还有90厘米左右就要停车，而两厢车看到后窗离障碍物还有40厘米左右停车都可以

(c)

图9-16　三厢车和两厢车停车对比

《汽车驾驶：从新手到高手》
配套动画演示视频清单

序号	动画演示视频内容	页码
1	汇入车流	47
2	跟车	54
3	会车	61
4	超车与让超车	63
5	变道	66
6	公路掉头	74
7	狭窄路口通行	92
8-1	环岛通行——环岛单车道	101
8-2	环岛通行——环岛双车道	101
9-1	立交桥通行——无引导车道匝道通行	104
9-2	立交桥通行——有引导车道匝道通行	104
10	高速公路驾驶	116
11	铁道路口通行	127
12	垂直停车场停车	153
13	斜线停车场停车	168
14	纵向停车场停车	172